suncolor

suncolor

請　問
呂律師

{ 關於愛與婚姻的練習題 }

QUESTION

呂秋遠

suncolor
三采文化

真心話大考驗

使用說明

①**每題兩分**，本卷的問題偏個人主觀意識，請以直覺作答「對」或「錯」，作答時間勿超過五分鐘。

②兩人相處重在觀念的溝通與建立，以下問題希望能增加彼此思考與討論之機會。

③先測驗後再進入書中閱讀，反之亦行，可測試你關於愛與婚姻的觀念或是你對於本書的理解有多少。

☐ 1 兩個人交往，要測試男人的誠意，就是讓他付錢。如果太小氣的男人，是沒辦法長久交往的。

☐ 2 幫女人提重物、付錢，是男人應該盡的義務。但如果一味的占男人便宜，這種女人也不能要。

☐ 3 性侵害這種事情，男人固然要負起責任，但是女人如果自愛，穿著打扮要注意，不要去危險的地方，就不會被性侵害。

☐ 4 女人的第一次性行為非常重要，要留給自己最愛的人，不能隨便給。

☐ 5 男人的腦袋總是精蟲衝腦，女人如果到男人家，應該就是同意跟男人做愛了。

☐ 6 如果伴侶想要拍攝親密照片，為了留住青春與甜蜜的回憶，可以考慮同意，而且對方一定是愛你，才會想要拍攝下來這些回憶。

☐ 7 男人讓女人懷孕，就是應該要負責，不結婚的話，就沒有完整的家，孩子是會不幸福。

☐ 8 如果婚前懷孕，又決定不要小孩，男人應該給女人墮胎費，以及之後的照顧身體的費用。

☐ 9 俗話說，「嫁雞隨雞、嫁狗隨狗」，而法律也規定，結婚後應該以男方的家為戶籍地，所以婚後住在婆家是應該的，當然經過老公同意，也可以搬出去。

☐ 10 男人身為一家之主，要扛起這個家的責任，包括家裡的所有開銷，都應該由男人負責。

☐ 11 身為好男人，即使上班很累回家，也要幫老婆做家事。

☐ 12 關於家裡的事，小事聽老婆的，大事聽我的。但是我們家都沒有大事，只有小事。

□13老婆在家沒工作，因此老公給老婆零用錢也是應該的。

□14老婆就是要娶回家疼愛的，打老婆的人不是東西。

□15嫁人以後不要常回娘家，會帶給娘家困擾，以為自己過得不好。

□16小孩出生以後，原則上跟爸爸姓，例外才是跟媽媽。

□17老婆幫我生小孩這麼辛苦，我去結紮也是應該的。

□18你不應該趁著老婆肚子懷著你的孩子，每天承受著懷孕時期的各種痛苦跟不便時，把她一個人丟在家裡。

□19為了給孩子一個完整的家，即使兩個人無法相處，也要忍到孩子20歲以後再離婚。

□20老婆必須要跟老公同甘共苦，失敗時鼓勵老公，創業時支持老公。

□21老公必須把所有的薪水都交給老婆處理，老婆也要謹慎理財，不要隨便亂花錢。

□22老婆不要因為別人的閒言閒語就不相信自己的老公，男人交際應酬在所難免，就算偶爾犯錯也不要窮追猛打。

□23懂事的老婆，在外應該給老公面子，但是在家可以是女王。

□24在婚姻的世界裡，不被愛的才是第三者。

□25媽媽跟老婆不合，請老婆忍耐一下也就過了，畢竟家庭的事情沒有對錯，要盡量尊重長輩，而且她是生我養我的人。

□26跟公婆住在一起時，媳婦孝順公婆是應該的，因為女婿也會同等的孝順岳父岳母。

□27婆婆生病，應該要由住在一起的媳婦全職照顧，畢竟她是兒子的老婆，這樣婆媳關係才會好。

□28民法對於另一半如果擔任專職的家務管理者，還沒有立法通過給薪水，應該要儘速改善才是。

□29老公如果沒工作，也沒有賺錢養家，是非常丟臉的事情，已經可以構成離婚的理由。

□30在簡訊裡或是在家裡辱罵對方，因為不是公開場合，所以不能算是家庭暴力。

□31分居半年後，如果都沒聯絡，就可以請法院判決離婚。

□32因為「夫妻本是同林鳥」，所以對方罹患不治之症，不可以請求法院判決離婚。

□ 33 兩個人離婚的時候，男人應該要給女人贍養費，否則女人一輩子為這個家付出，太沒保障。

□ 34 誰外遇，誰就沒有資格拿小孩的監護權。

□ 35 比較有錢、工作穩定的那一方，當然可以取得小孩的監護權。

□ 36 離婚以後，有監護權的那一方，要完全負責小孩的扶養費，不可以跟對方要錢，但是也可以要求對方不得探視小孩。

□ 37 婚後的房子是老公買的，貸款也是老公付，離婚時老婆就不能要求任何財產上的權利。

□ 38 男人就是應該要有男人的樣子。女人如果短髮又不穿裙子，就是沒女人味。

□ 39 男人要服兵役，女人要生小孩，這是很公平的。

□ 40 窮養兒，富養女，這句話是正確的。畢竟兒子就是要堅定他的心智，而女兒就是要好好寵愛。

□ 41 女人就是用來疼與照顧的，不是用來使喚的。人家爸媽把女兒養這麼大，不是讓你糟蹋的。

□ 42 女兒是爸爸前世的情人，全世界最愛女兒的男人，就是她父親。

□ 43 女兒即使嫁人，也永遠都是父母的女兒，家裡的大門永遠打開，隨時歡迎她回家。

□ 44 女人可以忍受懷孕與每個月的月經，可以說是地表上最能忍受痛苦的生物，比起男人而言厲害多了。

□ 45 母性是天生的，就照顧孩子這部分，女人確實比較有能力。

□ 46 哺乳是一種私密的行為，不應該在公開場合進行，而是要在哺乳室或是私人空間裡。

□ 47 男人的思維比較理性，適合理工科。女人的想法比較浪漫，適合念文組。這是天生的分工，比較難以打破。

□ 48 男生撐陽傘與擦防曬乳液，是一種不太正常的行為。

□ 49 兩個男人手牽手，應該就是在交往，兩個女人手牽手，應該就是好姊妹。

□ 50 同性戀是傳染愛滋病與性病的主要來源。

答案請翻閱 P334。

目錄
Contents

Part 1 感情的時光隧道

Part 2

愛情是問，也是不問

關於愛情，說個故事⋯⋯ 078

Part 3 圍城

Part 4 你走你的路，直到我們無法接觸

／作者序／

你不孤單，你有權利

其實從頭到現在，我對於出版這本書都是有意見的，不論是內容或是書名。為什麼？因為我覺得，這本書的內容，大部分都是從臉書上的文章所整理而來，對我而言，許多概念都是在深夜形成，直接形諸於文字，沒有修飾與轉折，更沒有華麗的詞藻，對於出書而言，並不是相當恰當。況且我不喜歡太過於雕琢的形象，而這樣的書籍，其實相當主觀與個人化，所以我對於將這些文章彙整成書是有些保留的。

然而，在與出版社的同仁積極討論後，我嘗試以另一種思維來考慮出書這件事。首先，這本書的主軸，其實在於提供某些主觀上的個人作為參考，基於我從事的工作，有很大一部分在處理家事，對於人性的關照或許會較為深刻。其次，既然許多想法都已經內化在自己的心中，不加修飾反而是好的，或許在讀者閱讀這些文字時，會衍生不一樣的火花。而且，個人化也可以是一種特色，我們可以在這些文字中，取得某些有共鳴的想法，或許可以降低自己的罪惡感，或者增加自己的決心。

為什麼是罪惡感？因為台灣社會中，普遍會以「親情勒索」的方式來處理感情問題。當我們不願意犧牲付出，或是不能提供更多的情感，或許對方就會以「你不愛他」「他為了你付出多少」等等的方式來勒索自己，做出更多的付出，許多的罪惡感也源自於此。然而，我們真的有必要接受這些需索嗎？絕大部分的答案都是未必的，只是我們不願意面對而已。或者說，為什麼是增加決心？很多時候我們知道對方很糟糕，但是因為習慣於並不舒適的圈子裡，害怕改變，乃至於因為對於不可知的未來擔心，遲遲留在原地不動，青春也就這麼流逝。到了最後，不得已要面對問題時，才發現為時已晚。然而，時間早已偷走所有選擇。

因此，其實現在我是期望這本書出版的。如果讀者可以在這本書的幾篇文章中，得到某些想法的啟發，或許就可以立刻決定去做些事情，或是起身反抗，因為你總算知道，第一，你不孤單，而很多人跟你一樣。第二，你有權利，但很多人在壓榨你。在時機成熟時，或許你就會做出應該有的選擇。

希望你可以跟我一樣，喜歡這本深夜的心得。

Part 1

感情的時光隧道

逝者如斯夫，不舍晝夜。

關於古人感情，說個故事……

你對於感情疑惑嗎？事實上，人生最大的困擾，永遠不是工作或財富，而是感情。所有的感情，雖然長得都不一樣，然而看到古人的感情狀況，卻可以讓我們歸納出一個類似的模樣，多情人總被無情人傷。古人的感情困擾，其實跟我們都一樣。在談現代人的感情之前，我們就搭乘時光機，透過時光隧道，回到過去看看古代人怎麼來看感情。

就讓我先說個離婚協議書的歷史吧！

離婚協議，是夫妻在走入法院之前，雙方洽談離婚的條件。主要的重點在於子女的親權給誰？孩子扶養費多少？要不要給對方贍養費？婚姻關係中增加的財產怎麼分配？至於怎麼樣才合理？坦白說，急的人、很想離的人，付出比較多代價就是合理，就算是被獅子大開口，也沒有不合理可言。

沒有無法離的婚，只有付不起的代價。

從經驗來看，通常急著離婚的人，往往有些不可告人的祕密，或者是不為人知的痛苦。然而，這些祕密與痛苦，卻無法公諸於世，或是訴諸法院。例如「有人」（例如第三者）正在逼迫自己離婚，怎麼能不速戰速決？或者個性不合，但苦無證據，又怎能讓法官認同？這時候，不想離婚的人，當然可以要求比較多的條件。當然，有人可能會質疑，不想離婚的人，難道還愛對方嗎？這個問題，我不知道，有時候是不甘心，有時候是殘存的愛。但如果雙方已經真的沒愛，沒愛了不談錢，難道談未來？

所以不要怪對方現實，而是因為現在不現實，以後就得面對現實。

回到古代中國，男人想要離婚有三種方式。第一種是「七出」，第二種「義絕」，第三種是「和離」。至於女人要離婚，比較困難，法律並無明確規定。

所謂「七出」，就是七種可以主動離婚的原因，包括「不孝順男方的父母」「沒有生小孩」「老婆外遇」「老婆愛吃醋」「老婆藏私房錢拿回娘家」「老婆殘障」「老婆愛八卦」，這七種趕走老婆的絕招，非常好用。至於「義絕」，則是指夫妻兩邊的家族互相鬥毆、殺害，或是想要謀害老公。至於老公想要謀害老婆，並沒有在法律的離婚規範內，也就是說，以這個理由離婚，不會成立。

如果都找不到理由，那麼只有「和離」了。也就是協議離婚。

中國最早見諸於世的離婚協議書，應該是一九〇〇年出土的敦煌莫高窟唐宋文物，這些文物的年代，跨越唐朝末年至北宋年間，約在西元九世紀至西元十一世紀前後。這批文物共有十二件離婚協議書，內容大同小異，最有名的範本，應該是這一份：

「蓋說夫妻之緣，恩深義重，論談共被之因，結誓悠遠。凡為夫婦之因，前世三生結緣，始配今生夫婦，若結緣不合，比是怨家，故來相對。妻則一言數口，夫則反目生嫌，似貓鼠相憎，如狼羊一處。既以二心不同，難歸一意，快會及諸親，各還本道，願妻娘子相離之後，重梳蟬鬢，美掃娥眉，巧逞窈窕之姿，選聘高官之主。解怨釋結，更莫相憎。一別兩寬，更生歡喜。三年衣糧，便獻柔儀，伏願娘子千秋萬歲。於某年某月某日立此書。」

這份協議書，述說了婚姻的意義、離婚的必要性、給離婚配偶的贍養費與祝福。先說兩人本是情深義重，結緣深厚才會結婚，但是因為個性不合，為了避免大家不愉快，所以在此跟親朋好友公開宣布，兩人決定離婚！希望前妻可以重新找回青春、容貌髮型都更美麗，身材更好，重新找到一個有地位的男人，兩人過去的不愉快一筆勾消。離婚以後兩個人可以更開心，前夫願意給前妻三年的贍養費，前妻可以活到千秋萬歲！

這份協議書給我們的啟示，大概就是如果已經決定離婚，能不能像唐朝人一樣，給予對方最大的寬容與祝福。如果自己外遇，可否淨身出戶？如果個性不合，可否想想新婚時的合適？當時還不是對方要什麼，你就給什麼，對方才願意跟你結婚的？

想離婚？現代已經沒有「七出」這種東西了，還是不要作夢吧！至於

「義絕」，大概也很少見。如果找不到離婚理由，想想一千兩百年前的唐朝人，不要老是找律師，讓第三人來決定你們的未來，一點意義也沒有的。

我們就從這份古代的離婚協議書開始，來看這些古代人的感情吧！

休妻離婚的孔子

無情總比離婚傷，離婚前後，那種無情，才是令人真正的難受。

孔子在十九歲時，當上倉庫管理員，因為媽媽的安排與堅持，與亓官氏結婚，結婚一年後，就生下兒子。根據唐人孔穎達的說法，孔子確實有離過婚，他們兩人的離婚時間不詳，大概是生完兒子孔鯉幾年以後，孔子就跟她離婚，請她回娘家吃自己。

孔子對女人的觀點，見諸於文字的，大概是這句話，「唯女子與小人為難養也，近之則不遜，遠之則怨。」意思是說，只有女人跟沒知識的人很難相處，跟女人太接近，她就會爬到你頭上，離女人太遠，她就會生氣。對於女人，就是要保持適當距離，不能太近，不要太遠。另外，根據子夏的說法，孔子喜歡眼睛很美，而且有酒窩的女生，其他的想法就不知道了，畢竟以前的人不喜歡八卦孔子的私事。

不過根據《論語》的記載，孔子才是難相處的人。舉例來說，如果菜烹調得不好，不吃（失飪，不食）、沒有好吃的調味料，不吃（不得其醬，不食）、從菜市場上買來的酒和熟肉，大概怕不衛生，不吃（沽酒市脯，不食）、肉切割得不合規矩，不吃（割不正，不食）、坐席擺得不端正，不吃（席不正，不食）。除此之外，老人家規矩很多，吃飯不能說話，睡覺前也不能聊天（食不語，寢不言）。這樣的男人，即便生在古代，也是挺難伺候。

基本上，當孔子的老婆，光是煮飯可能就很艱難，而且孔子白天在外跟人聊天、應酬與教書，回家卻是與老婆沉默以對，他們夫妻間，問題或許不小。更不要說他周遊列國，根本很少履行同居義務，夫妻感情生變也很自然的事。

離婚後，他對老婆也是無情了點。《禮記》上有記載，老婆過世一年後，他兒子穿孝服在哭，孔子聽到以後很不耐煩，叫學生去問究竟是誰在哭？學生回報是老師的兒子。孔子冷哼了一聲，傳話叫他兒子不要太過分。兒子立刻脫掉孝服，不敢再哭。

有愛情，是愛人；沒愛情，是敵人，孔夫子為我們上了一課。

其實在春秋時代，離婚是很正常的。孔子的兒子、孫子也把自己的老婆休了，他的孫子子思，對於老婆更沒情分，甚至不讓兒子去為媽媽守喪。他認為，既然老婆已經被休了，就不是我的老婆，當然也不是兒子的媽了。從這裡看得出來，孔子的孫子對於太太，有股非常強大的怨氣，不知道從何而來。歷史沒記載，現代人當然也不好說。

其他孔門離婚的人也不少，而且理由千奇百怪。例如曾參，就是他媽不相信他沒殺人的那個曾參。他跟老婆提出離婚，老婆提出抗議，「我只不過是菜沒煮熟，這也不是你們門派主張的『七出』理由，憑什麼把我趕回家？」曾參悠悠地回答，「煮菜都做不好了，當然可以休掉！妳不要問這麼多！」後來可能覺得太無情，又補了一段話，「朋友絕交可以再交，老婆休掉也可以再嫁，妳不要再問這種問題了。」

另一位是孟子。孟子曾經想要離婚，但是被他媽阻止。這是荀子爆的料，應該可信。據說這個故事是這樣的：

荀子曾經說過，「孟子惡敗而出妻」，意思是孟子討厭其妻子的不良品行，擔心敗壞自己名聲而提出離婚。孟太太到底做了什麼樣不好的事情，讓孟子要「出妻」呢？原來是因為坐姿不雅。

有天孟子進家門，看到太太「箕坐」，就是兩腿開開，孟子看了非常不開心，決定要離婚。但是他媽知道以後，就訓了孟子一頓。她說，你進門也不敲門，進去也沒聲音，根本就是你沒禮貌，憑什麼休妻？孟子聽到以後覺得很丟臉，就再也不敢提出離婚的要求。

從儒家的眾多導師來看，離婚或許真的不是嚴重的事情。而對於現代人來說，他們的無情，看來比較嚴重。

情慾流動的南子

厭女情結，或者說，紅顏誤國，就是男人為亡國之君找的最佳藉口。

南子，真實姓名不詳，是出身於宋國的貴族。容貌如何，因為我們都沒見過，所以很難判斷。但是應該可以肯定，南子是當時非常出名的女人。史書上的記載，也一致認為她是美女。

不過，當她嫁到衛國以後，被宋國民眾罵得很難聽，以母豬來形容她。

有天衛國太子經過宋國，宋國民眾編了一首歌送給太子，歌詞是這樣的：「既定爾婁豬，盍歸吾艾豭？」意思是，既然已經滿足了南子這頭母豬，為什麼不還給我們那頭漂亮的公豬？公豬是誰？等一下再交代。

可以肯定的是，當年如果有PTT，南子絕對是母豬教討厭的對象。南子即使嫁給衛國國君，也曾經貴為宋國公主，又是聞名遐邇的美女，為什麼宋國民眾這麼討厭她？

因為，在那些人的眼裡，她的情慾流動太過聳動。

她在嫁給衛靈公之後，還是喜歡另一位宋國的貴族，叫做宋朝。這人，是宋國非常有名的俊男，大約是神人等級的帥，連《論語》都有提到這個人，而且用「美」這個字來形容。但是，他的「情慾流動」比較廣泛，在衛國當官，竟膽敢跟衛王的母親宣姜（據說也是美女）、衛王的王妃南子發生不倫之戀。宋國人知道這件事，就把南子形容成母豬，把宋朝形容成公豬，而且希望公豬趕快回宋國。他的魅力不止於此，後來宋朝參與政變，把老闆衛靈公趕出國，衛靈公復國成功後，他逃亡去晉國。但是禁不起南子的懇求，衛靈公竟然又請他回國陪伴南子，可見他的顏值等級應該極高。

春秋時代的民眾們，都說南子「淫亂」，還稱她是母豬，她的兒子蒯聵在聽說這首歌以後，覺得非常羞愧，甚至想派人殺了媽媽。但，她的緋聞不過就是跟宋朝有婚外情。而且是在老公默許之下才發生的。至於她與衛靈公的夫妻關係，還是宋國的國君安排，根本就是一場政治婚姻，衛靈公可是大了南子三十歲！

衛靈公，性傾向不明，可能比較喜歡男生。他的最愛，就是彌子瑕。衛靈公寵信他，曾讓他掌握兵權，甚至有這樣的記錄：

「在衛國，沒經過同意就駕駛衛靈公的馬車，是要砍腳的。有天彌子瑕的媽媽重病，他直接就把馬車開回家，衛靈公聽到以後，覺得他很孝順，饒過他的腳。又有天彌子瑕跟衛靈公在花園裡散步，看到桃子很好吃，就爬到樹上摘桃子，吃了一半以後，把剩下的一半給衛靈公吃。他老人家笑呵呵地吃掉，還說吃他的口水真好。」

不過，彌子瑕後來老了，「色衰愛弛」以後，衛靈公翻舊帳，說他擅自開馬車，又把吃一半的桃子給他，真是太不敬，找藉口就把他殺了。

所以，衛靈公其實不在乎南子跟誰在一起，甚至主動同意宋朝跟南子約會。這樣還說南子淫亂，簡直就太冤枉。但是輿論力量大，所以南子就這麼被鄉民抹黑。

至於她與孔子，其實沒發生任何事。那天是因為南子想見孔子，兩個人在沒有衛靈公的場合下，在南子的臥室見面。雖說如此，但還是隔了一條布簾。孔子跟她在房間裡說了什麼，已經不得而知，根據《史記》的記載，當時孔子拜見南子以後，南子回禮，發出環珮叮噹的聲音。這種行為在當時算是輕佻，也傳得滿城風雨，所以出現了一種解釋，南子本來就是母豬，想要挑逗孔子。

當然，現場既然只有丫鬟、孔子與南子在場，司馬遷為什麼可以描述得活靈活現？連聲音都有？後代人不得而知。根據記載，可以肯定兩個人當時衣著整齊，因為還有環珮掛在女生身上。

不過，這件事情孔子的反應很耐人尋味，因為孔子罕見地詛咒自己，如果做了什麼事，一定會被「踢公背」打死，聽起來讓人有無限的想像空間。而《論語》竟然記載這件事，更是奇聞，因為這件事對於孔子不近女色的形象，肯定有傷害。只能說孔子的弟子或許很不爽他曾說過，「唯女子與小人為難養也」，所以故意記載這件事情，讓孔子當時尷尬的反應，栩栩如生地重現在兩千多年以後。

不過，厭惡能幹而美麗的女人，進而用性來汙名化這些人，倒是歷史上常見的手段呢。

對愛情盲目的屈原

愛情都是盲目的，屈原如此，懷王亦然。

端午節的焦點，我們都喜歡放在屈原身上，探討肉粽與屈原的關係。據說屈原是一位作家、花美男、楚國貴族與忠臣，在他的作品當中，不乏有許多對楚懷王表達情感的作品。然而就如同《詩經》一般，這樣的作品在過去都被認為是愛國之作，與小情小愛無關。

例如在《詩經》〈周南・關雎〉裡的這段文字：「關關雎鳩，在河之洲。窈窕淑女，君子好逑。」這明明就是在講男孩對於女孩的仰慕之情，而《詩經》的大部分內容，也就是流行歌曲歌詞大全集而已，但是部分學者卻把國君解釋成淑女、愛國志士解釋成君子，強調志士應該忠於國君。在過去的年代，談愛情不該，必須憂國憂民才可，許多愛情文學就這麼被曲解為政治作品。

屈原，雖然不知他的相貌為何，但據說他「峨冠博帶、相貌俊逸、玉樹臨風、沉鬱淒美、澤畔行吟、個性超然、潔身自愛、忠君愛國、以死明志。」屈原，其實不姓屈，而是氏屈，他的姓是羋，羋是楚王的姓。簡單來說，如果以大清國的八旗來比喻，他就是楚國的正黃旗羋姓下的屈氏分支（另兩支是昭與景，這三姓是楚國的正黃旗，號稱三閭），當然是楚國的直系貴族，與楚懷王算是本家。雖然家道當時已經式微，但他年輕時就被楚懷王賞識，擔任三閭大夫，管理宗族事務。後來更升任為左徒，入則與王圖議國事，以出號令；出則接遇賓客，應對諸侯。

如果不是張儀、上官大夫靳尚與楚懷王的寵妃鄭袖，楚國確實可能在他的領導下，與秦國一較高下。他先受到同事靳尚的排擠，被楚懷王漸漸疏遠，後來又遇到張儀以割讓秦國六百里土地為由，讓楚國與齊國斷交，為了這塊土地，楚懷王還派了專人到楚齊邊境辱罵齊王，徹底斷了兩國邦交。斷交以後，張儀才跟楚懷王說，只能割讓六里土地。楚懷王發現被騙，兩次派兵攻打秦國，反而大敗而還。楚懷王甚至最後被俘虜，死在秦國。楚國雖然由頃襄王繼位，但很快就面臨亡國危機，屈原在這樣混亂的時局下，決定投汨羅江自殺。

在屈原的作品中，很喜歡用香草或美人形容自己，例如「制芰荷以為衣兮，集芙蓉以為裳。不吾知其亦已兮，苟余情其信芳。高余冠之岌岌兮，長余佩之陸離。芳與澤其雜糅兮，唯昭質其猶未虧。」來形容自己。這段文字的意思是，「沒有人了解我也毫不在乎，只要我內心情感確實芬芳。讓我的頭冠高高聳起，讓我的佩飾長長垂地。內在芳香與外表光澤糅合，只有我光明的本質沒有毀棄。」也以「怨靈修之浩蕩兮，終不察夫民心。眾女嫉余之娥眉兮，謠諑謂余以善淫。」來形容自己的感情坦蕩，但卻被其他女人嫉妒，被謠傳成「善淫」。

想想屈原，他雖然是楚國貴族，但已經家道中落，被楚懷王破格拔擢，可出入宮中，並帶領楚國的內政外交。後來因為張儀、鄭袖的原因而被流放，但當時的國家觀念並沒有這麼強，各國人才流動也都很正常，為什麼屈原一定要跟隨楚懷王，又經常以女性角色自居，表達對於楚懷王的「愛慕」之意？

是的，你也想到了，他們可能是愛人。

這個論戰，曾經在一九四四年的《中央日報》打過筆戰。有人贊成，例如朱自清，就是寫〈背影〉的那個人，但也還是有諸多的楚辭研究者反對，認為太過誇張。

其中一個理由，就在於鄭袖。

鄭袖，根據《史記》，說她「美貌而嫉妒，性聰慧。」意思是，鄭小姐有三個特點：美貌、嫉妒心強、聰明有智慧。關於鄭袖最有名的事蹟，應該是「割鼻事件」。話說魏王曾經送給楚懷王美女一名，鄭袖對她非常好，以表示並不嫉妒這個女孩，但私下跟這位小姐說，見到楚懷王時，要以手掩住鼻子，因為國王喜歡這個姿勢。後來楚懷王問鄭袖，妳的好朋友為什麼每次看到我，都要掩住鼻子，鄭小姐就以「惡王之臭」回答。楚懷王被刺激到痛處，於是下令割去美女鼻子。另一個例子，就是楚懷王拜託張儀幫他找美女，鄭袖非常恐懼，因此拿了很多錢賄賂張儀。張儀就對楚懷王說，「遍行天下，未嘗見如此美者」，楚懷王被張儀說服，因此而作罷。

從這個例子來看，屈原會不會愛上楚懷王，以他的生平與個性來說，比較難以想像。

首先，根據考證，屈原是有妻子的，但並不是陳氏，而是劉氏或鄧氏，他還有三個兒子，至於昭碧霞則是戲劇效果，根本沒這個人。也有傳說，因為鄭袖與屈原感情太好，引起楚懷王嫉妒，所以楚懷王派人在汨羅江殺了他，根本就不是自殺。這個說法也不正確，因為在屈原死前，楚懷王早就已經在秦國病死，自身難保，何來可能殺害他？當然，有妻子或是喜歡鄭袖，並不能代表屈原不喜歡同性，畢竟在古代，同性互相喜歡並不是罕見的事情。漢朝甚至有將近一半的皇帝，都同時喜歡男性與女性。

不過，下一個問題就比較嚴重了。楚懷王年紀比起屈原來說，年長很多，根據歷史記載，楚懷王體型肥胖，還有嚴重的皮膚病，口臭也相當嚴重。就算不以貌取人，楚懷王除了賞識屈原以外，腦袋簡直一無是處，相信張儀會割讓土地給他；張儀說老婆很正不要納妾，他也就乖乖聽話；甚至不斷發兵攻打秦國，在外交、軍事、用人上優柔寡斷。而屈原卻是一個有個性與潔癖的人，據說屈原有「一日三濯纓」的習慣，也就是一天洗三次帽帶，可見他對於清潔非常重視。雖說愛情是盲目的，但屈原這樣的花美男會喜歡楚懷王，大概也就是端午節的時候，作為茶餘飯後的話題而已。

或者，你要堅持愛情是盲目的，其實我也可以接受，畢竟，端午節為什麼要划龍舟、吃肉粽，而與屈原又有什麼關係，我們還不是沒在計較嗎？

金屋藏嬌的漢武帝

感情是會變化的，現在的變化，其實不代表過去的山盟海誓是假，兩者都是真，只是一切都過去了。當時愛你是真，現在不愛你也是真。

感情這種事，其實一直都在化學變化中。我們不可能一口咬定，當時他愛我，以後會一直愛我，或是現在他不愛我，所以當時他的愛我，根本就是一場假。用漢武帝跟陳阿嬌的故事來說明，再明白不過。

曾經有三個女孩，在同一天問我感情問題。

第一個女孩，是因為父母反對。男孩的父母要求女孩要碩士畢業，還要身高一百六十公分以上，而且希望在同一個城市比較理想。女生大學畢業，身高一百五十五公分，分隔兩地。她問我該不該放棄。

第二個女孩，只能靠旅行維持兩個人的感情，否則日常生活的平淡，讓她偶爾會想跟其他男生搞曖昧。可是一旦分手，又會哭得很傷心，她也問我，該不該放棄。

第三個女生，朋友建議他們分手，但是開口以後竟然後悔。男生的父母希望他們復合，但是男生已經不願意繼續，這段感情長達六年，她還是問我，該不該放棄。

這三個問題，雖然狀況都不同，但是從「金屋藏嬌」這個成語來解釋，卻會有相同的解答。金屋藏嬌，原典並不是養小三，而是一段感情的變化。話說漢武帝劉徹，在他小時候，還不是漢武帝，只是皇帝的第九個兒子，父親封他為膠東王，沒人預料到他以後會變成皇帝的繼承人。至於為什麼他會從九爺變成太子？原因在於姑姑，這位姑姑有個女兒嫁給了劉徹，當然經常游說自己的弟弟，要立這位聰明伶俐的兒子當太子。那麼，難道這是一場政治婚姻嗎？

不是的，他們曾經有過愛，而且是兩小無猜、青梅竹馬的愛。

小時候，劉徹經常去姑姑家玩，當然會認識這個表妹。這位表妹長得漂亮，特別吸引劉徹的，就是她的眼睛。有天，姑姑一時興起，問了這個孩子，想不想娶老婆？九王爺張大他明亮的雙眼，認真地回應姑姑。姑姑於是把家裡所有的女人，只要是未婚的都帶出來給九王爺挑選。九王爺搖晃著小腦袋，每個女孩他都說不好。姑姑這時候，只好使出最後絕招，把自己女兒，也就是表妹召喚出來，問這個孩子，難道你要阿嬌？

九王爺看到阿嬌，立刻點頭，跟姑姑保證，「如果我可以跟阿嬌結婚，我一定會蓋一座金屋，讓阿嬌住在裡面。」姑姑聽到以後，當場笑得花枝亂顫，心想這個孩子太上道了，因此跟九王爺的媽媽提親，而且積極地游說弟弟，一定要把這個孩子立為太子。

十六歲那一年，九王爺變成了皇帝，阿嬌成了皇后。從此之後，兩人就過著幸福快樂的日子？當然不是，第一個十年，阿嬌跟九王爺，確實在金屋裡，過著愉快的生活。皇帝對於表妹，還是情深意重，一方面是因為姑姑把他扶上寶座，另一方面，阿嬌除了人如其名，比較驕縱外，還是天真爛漫的阿嬌，所以兩人一開始還是好的。只不過十年來，阿嬌一直不孕，漢武帝偶然遇見了一位歌女，也就是衛子夫，他與衛子夫一連生了三個女兒，還有一個兒子。對於阿嬌，漢武帝開始冷淡，因為他已經不是以前的九王爺。

這時候，阿嬌又犯了一個錯，她竟然在宮中施行巫蠱之術，試圖詛咒衛子夫早死。大概就是有個稻草人，然後在身上不斷刺針之類的。這在現代沒什麼，但漢武帝非常討厭有人在宮中施這種巫蠱之術，在宮女告發以後，罪證確鑿，阿嬌就被趕離皇后寶座，遷往長門宮。長門宮，是個荒煙蔓草的偏遠小屋，她失去了皇帝的寵愛，在後宮這麼凶險的地方，大概只有青燈古佛一生而已。

阿嬌當然希望挽回先生的心，她知道漢武帝喜歡看賦，於是託人找到司馬相如，把自己與漢武帝的過去，以及她對於表哥的愛，表露無遺，希望他可以記得小時候兩個人的一切。司馬相如大受感動，立刻妙筆生花，寫下了漢賦中最狂的怨婦求先生回心轉意文，也就是《長門賦》。

漢武帝看到《長門賦》，深深地被打動，怎麼有人可以寫這麼好。然後，召見司馬相如，又再度誇獎他一次。不過，他對於阿嬌，早已心如死灰，無可能死灰復燃。

愛情，在某個時間，或許是金屋藏嬌，然而，卻有很多變數，可以讓金屋轉為長門。愛情無時無刻不在化學變化中，大部分時候，我們只是不知道而已，但在對方的心中，或許已經發酵許久，當對方下了決定，其實就是無法挽回。

所以，女孩兒，結束這段讓妳懷疑的感情吧！妳不是陳阿嬌，他也不是九王爺。再多曾經的愛情，當條件不再、時間經過、對方沒心，當這個時間點來臨，妳就是該放棄。他的父母反對、你們無法平淡、男人已然無心，那麼，有尊嚴的結束，會是比較好的結局。

不然，強求以後，難道要找律師談離婚嗎？

為愛啟程的司馬相如

不要等到結婚後，才發現從牙刷怎麼擺、馬桶坐墊要不要掀、誰該負責洗碗、誰要去買衛生紙，通通都有意見。

「呂麗絲您好，我女兒是您的粉絲，最近提出想要跟男友試婚同居一陣子再結婚，我們老一輩不同意，想問問您的意見，這樣可行嗎？謝謝您。」

這位姊妹，我懂妳，要是我有女兒，今天跟我說要跟男友同居，第一時間，我肯定是去砍斷男友的腳筋，讓他只能住在家裡，哪裡都不能去。

但是，這不是爸媽應該做的事情，因為女兒畢竟有她的人生、她的選擇，就算不好，也只能提供建議；就算跌倒，這也是以後的經驗，妳不能替她決定。況且，關於女兒的決定，如果她已經年滿二十歲，其實妳根本無能為力，只能祝福。容我說個故事給妳聽。

在兩千多年前，四川成都有個窮書生，叫做司馬相如。某天他聽說當地有個富商的女兒，叫做卓文君，相貌出眾、精通文學與音律，因此藉由朋友介紹，到卓家作客，並且演奏了一曲〈鳳求凰〉，這賦寫得非常好，堪稱求婚最狂。

「有一美人兮，見之不忘。一日不見兮，思之如狂。鳳飛翱翔兮，四海求凰。無奈佳人兮，不在東牆。將琴代語兮，聊寫衷腸。何時見許兮，慰我彷徨。願言配德兮，攜手相將。不得於飛兮，使我淪亡。」

卓文君在屏風背後怦然心動，決定跟這個男人在一起。無奈老爸反對，在幾經溝通不成後，決定跟司馬相如私奔，兩人回到先生的老家臨邛開酒店。開酒店這件事，讓卓文君的父親很難堪，因為自己何等身價，女兒又身嬌肉貴，竟然在酒肆裡忙進忙出，被閒雜人等呼來喝去，卓老爸每天不敢出門，只能在家中長吁短嘆，最後在親戚的勸告下，才決定接納這個女婿，分給文君奴僕百人，銅錢百萬。於是，卓文君和司馬相如衣錦還鄉的回到成都。司馬相如後來得到漢武帝的賞識，到長安擔任中郎將。會寫詩、長得帥（？）、能彈琴、老婆又不在身邊，於是，「男人有錢就作怪」的通則（閱讀本文的男人不在此限）出現了，司馬相如想要納妾，希望老婆可以接受。然而，他又不敢明說，寫了一封信，想要暗示老婆，信中只有這樣幾個字：

「一二三四五六七八九十百千萬。」

這意思就是無意。親愛的，我對妳已經無意了。

卓文君看到這樣的信，加上已經聽到許多先生在長安風流的傳聞，她也心知肚明，就回了一封信給他。

「一別之後，二地相懸。雖說是三四月，誰又知五六年。七弦琴無心彈，八行書無可傳，九連環從中折斷，十里長亭望眼欲穿。百思想，千繫念，萬般無奈把郎怨。萬語千言道不完，百無聊賴十憑欄。重九登高看孤雁，八月仲秋月圓人不圓。七月半，秉燭燒香問蒼天，六月伏天人人搖扇我心寒。五月石榴似火，偏遇陣陣冷雨澆花端。四月枇杷未黃，我欲對鏡心意亂。急匆匆，三月桃花隨水轉，飄零零，二月風箏線兒斷。噫，郎呀郎，巴不得下一世，你為女來我做男。」

也是無意，但是從一數到萬，又從萬數到一。最後一句話應該最令人心酸，她幽幽地說，「下輩子，你來當女人好了。」

司馬相如收到這樣的回信，大概知道老婆的心思，於是打消這個念頭，把老婆從成都接到長安來住，結束這樣的分居生活，此後也沒有再傳出其他緋聞。

所以，同居有沒有必要？如果可以長頭髮，誰想要禿頭？基本上，許多分居都是逼不得已的。例如工作、就學等等的原因。然而，姑且不論夫妻在法律上有同居義務，兩個人分居，久了以後都不會是好事。妳女兒想要跟男生同居，試試看到底適不適合，對於兩個人都很好。總不要等到結婚再來同居，才發現從牙刷怎麼擺、馬桶坐墊要不要掀、誰負責洗碗、誰要去買衛生紙，通通都有意見。這時候，要離婚，還得要對方點頭，妳哪來的自信對方一定會同意？

　　而且，妳要知道，女兒願意跟妳討論，是一件好事，不然她也可以說，她是跟同事一起在外面住，難道她都已經成年了，什麼事情還要妳同意才能進行嗎？說真的，她是很尊重你們的女兒，否則卓文君就是一個例子，她連夜跟司馬相如私奔，卓爸爸只能在家生悶氣，也不能怎樣，妳可以理解我的意思嗎？

　　放手讓她去決定吧！然後，請當她的後盾，當她有天遇到困難，請妳還是繼續支持她，因為，這才是家。

若有情似無情的陸游

世上沒有惡婆婆，只有乖媽寶。一個男人，如果不能堅持自己的價值，附和別人的看法，那也就是令人心寒而已。

中國歷史上，有個號稱「愛國詩人」的媽寶，名字叫做陸游，號放翁。如果史上有所謂的「惡婆婆」排名，陸媽媽應該算是第一名。不過，惡婆婆往往與媽寶相輔相成，所以我也不知道陸游是媽寶第一名，還是陸媽媽是惡婆婆的榜首。

陸游，是南宋時代著名的文學家與史學家，雖然因為秦檜討厭他，所以政治路上不太順遂，但據說他寫了九千多首的詩詞，表達他滿腔愛國的熱血。他同時編撰了《南唐書》，留下對於南唐這個朝代的紀錄。他的書法一流，同時精通楷書、行書與草書。他這生可以說相當精采，還活到八十五歲才過世。若說遺憾，大概就是他的第一段婚姻，也就是他與前妻唐琬之間的故事。

唐琬，許多人以為她與陸游是表兄妹，不過事實上他們應該是同宗族而已。陸媽媽雖然姓唐，但是她父親與唐琬的爺爺不同人，所以沒有直接的血緣關係。不知道為什麼，唐琬父母雙亡，從小就在陸游家長大，跟陸游青梅竹馬、兩小無猜、日久生情。比較特別的在於，唐琬寫得一手好詩詞，與陸游不相上下，後來兩人就在陸游二十歲的時候結婚，婚後感情更好，然而陸媽媽正虎視眈眈，經常要求陸游這個乖兒子，與唐琬離婚。每天不是藉故訓斥唐琬，就是碎念逼迫陸游。

為什麼？歸納所有的記載與推論，大概有幾個原因：

第一，兩個人感情太好，陸游開始對於唐琬以外的事情沒興趣，陸媽媽覺得這個兒子被媳婦帶壞，無心於功名，所以討厭這個媳婦。

第二，陸媽媽曾經到城外的庵裡算命，結果庵中的尼姑跟她說，這兩人八字不合，唐琬剋夫，繼續在一起，陸游應該性命難保。

第三，唐琬個性比較開放，不屬於溫柔婉約型的女孩，雖然據說長得很正，而且又擅於詩詞舞蹈，在社會上也是小有名氣，但是「女子無才便是德」，陸游家只需要陸游厲害就行，陸太太只需要相夫教子而已，功能不需要這麼好。

第四，唐琬似乎不孕，陸媽媽看到兩人結婚以後，都沒有生下孩子，這應該嚴重的讓她不爽。

拖累老公前途、剋夫、有才氣、不孕，這樣的女人，陸媽媽當然要他們離婚。好的，陸游是孝子，所以聽從媽媽的意思，離婚了。

離婚以後，陸游迅速再娶，妻子王氏舉止嫻雅，對婆婆言聽計從，因此陸游與她一共有七個小孩。一開始陸游還想要明著離婚，暗著繼續照顧唐琬，但精明的陸媽媽很快就發現，陸游只好真的捨棄唐琬，開始認真準備科舉考試。他能力確實很好，當年就考上榜首。但是，他支持反攻大陸，秦檜主張一宋各表，所以，直接藉故把陸游從名單中剔除。陸游滿腔報國熱血，遇到重大挫折。與此同時，也小有名氣的文學家趙士程，與唐家交好，在陸游再娶沒多久後，唐琬也與他結婚，趙士程非常可以理解他的妻子，也願意照顧她。

背景鋪陳完畢，我們來談〈釵頭鳳〉這個可怕的故事。〈釵頭鳳〉是一種詞牌，也就是必須依照這個詞牌的平仄與字數等來填詞，〈蝶戀花〉也是。只不過我們想到〈釵頭鳳〉，就會想到陸游；想到〈蝶戀花〉，就會想起周比倉，不，是歐陽修。

落榜以後，陸游到紹興散心，路過沈園這個旅遊勝地，就這麼剛好，遇到唐琬與趙士程，正在沈園遊覽。唐琬看到陸游，兩人卻都已經是使君有婦、羅敷有夫。唐琬跟趙士程說，這是我前夫，然後敬了陸游一杯酒，順便送上了點心。面對還有感情的對方，似乎不知道如何是好，只能默默無言相對。而陸游喝完酒後，在沈園留下了〈釵頭鳳〉這闋詞，送給唐琬，原文是這樣的：

「紅酥手，黃縢酒，滿城春色宮牆柳。東風惡，歡情薄。一懷愁緒，幾年離索。錯！錯！錯！

春如舊，人空瘦，淚痕紅浥鮫綃透。桃花落，閒池閣。山盟雖在，錦書難托。莫！莫！莫！」

在〈釵頭鳳〉的一開頭，陸游就提到唐琬送給自己的酒與點心。黃縢酒是宋朝官家釀製的黃酒。紅酥手則是紹興當地很昂貴的點心。接著陸游再提到春色染滿沈園，但兩人卻因為「某些原因」（不敢提自己媽媽），導致恩愛夫妻被迫離異，各自忍受著精神上孤寂的折磨。眼前雖然春色如舊，但是人卻因相思而消瘦悲啼。

喔，這真是夠了。我要是唐琬，一定會當場吐血身亡，這是要寫給誰看，我老公嗎？你把我老公當死人嗎？而且陸游，你老婆很火，正站在你後面，這闋詞，已經可以構成侵害配偶權的損害賠償要件了。

唐琬看完這闋詞，想必思考好久。後來回到沈園，也以〈釵頭鳳〉為題，回了這闋詞，內容是這樣的：

「世情薄，人情惡，雨送黃昏花易落。曉風乾，淚痕殘。欲箋心事，獨語斜闌。難！難！難！

人成各，今非昨，病魂常似秋千索。角聲寒，夜闌珊。怕人尋問，咽淚裝歡。瞞！瞞！瞞！」

寫完這闋詞以後，唐琬在不久後的二十八歲過世。她在過世前，想的人是趙士程，抑或是陸游，我不知道，但是，陸游在感情上，是個完全不值得我們紀念的人。

就像慕容復一樣，在陸游的心裡，容得下南宋的復國夢，卻容不下一個唐琬，或者是，自己的愛情。

我只能說，「離婚恆久遠，媽寶永流傳。」

孔雀東南飛的焦仲卿

婆婆介入孩子的選擇過深，不是為他好，從婆婆看到的視野，永遠只是為了自己好。兒孫自有兒孫福，強行介入只是苦。

我們來談另一個惡婆婆，這個人與陸游的媽媽可以結拜，就是東漢末年焦仲卿的媽媽，我們姑且稱之為焦媽。一焦一陸，應該可以讓古代媳婦聞風喪膽。焦媽比起陸媽，流傳下來的事蹟更多，都是拜了《孔雀東南飛》這首樂府詩所賜。這首詩，是漢朝樂府詩的顛峰之作，沒有收錄在國文課本中，大概是擔心女人看了不敢結婚。

在遙遠的兩千年前，也就是三國時代，那時候流行一種講故事的音樂，叫做樂府。這種音樂會配上歌詞，大概都是五個字一句話，串成一個故事，配上音樂，如果有真人表演，大概也就是現在的音樂劇。當時有一部作品，叫做《孔雀東南飛》，講一個公務員焦仲卿與妻子劉蘭芝的殉情故事，是否是真人實事，已經不可考，但是焦媽因為如此，登上了中國歷史上最有名的可怕婆婆榜，跟陸媽大概是狀元與榜眼的區別而已。

話說，在東漢末年的廬江郡政府，有個低級公務員叫做焦仲卿。所謂的低級，就是剛考上普考之類的菜鳥，不是罵人的意思。他與當地的才女劉蘭芝結婚，這首樂府詩，就是談他們的故事。劉蘭芝十七歲的時候跟焦仲卿結婚，她會織布、做衣服、彈琴、朗誦詩歌，而且懂得打扮，美貌動人，「據說」焦仲卿非常愛她。但，人生就是有這個但，她與婆婆焦媽處不好，焦媽要她跟焦仲卿離婚。

焦媽討厭這個媳婦，根據《孔雀東南飛》，應該有兩個理由，明的講是個性，暗的講是無後。焦媽覺得「此婦無禮節，舉動自專由。吾意久懷忿，汝豈得自由」，意思是說，這女人沒禮貌，想要做自己。老娘早就不爽她很久，你怎麼可以遷就她？所以，焦媽看她不順眼很久了，當然要趕出去。況且，她跟焦仲卿結婚三年，竟然沒生下小孩，所以請自動滾回家。不論焦仲卿如何哀求，焦媽就是不為所動，而且乾脆跟焦仲卿說，她早就幫他找到新歡，就是在廬江東邊有個女子叫做秦羅敷，就等他離婚。

焦仲卿一再求情，焦媽乾脆抓狂，「小子無所畏，何敢助婦語！吾已失恩義，會不相從許」，意思是說，你這傢伙翅膀長硬了，敢跟你老木頂嘴，還幫那個女人。我對她已經恩斷義絕，我絕對不容許你們在一起。這時候，焦仲卿只好回房間安撫劉蘭芝，跟她說，送她回娘家是暫時的，他今天要先回辦公室住幾天，改天會把她接回來家裡。

劉蘭芝的反應很特別，她跟老公說，我早就知道會這樣，我幫你媽帶小姑，也就是你妹，讓她長得白白胖胖的，然後對焦媽也沒不好，還不是被你離婚？我這次回去應該不會有機會再回來了，你要好好保重。接著就精心打扮，穿著豔麗的衣服，在早上直接坐車回娘家。

娘家人知道這件事，勃然大怒，劉媽媽說，「林祖媽養妳這麼大，不是來被焦家人糟蹋的。」十幾天以後，這件事傳遍廬江郡，先有縣長的三公子來求婚，後有郡太守來訂婚，劉媽媽決定，讓女兒跟太守家結親。也就是說，女兒本來嫁給省政府的科員，現在要嫁給省長。焦仲卿知道以後，立刻趕到劉家找他前妻理論，問她說，不是要等我嗎？現在妳竟然要跟我老闆的老闆的老闆結婚，我還是死了算了。劉蘭芝很無奈，跟這位前夫說，我也是被我媽跟我哥逼迫的，你怎麼可以說這種話？

焦仲卿回到家中，跟他媽抱怨。焦媽說，你身為公務員，身嬌肉貴，怎麼可以為了這種女人自殺，你甩掉她剛好而已，老娘我會再幫你跟那個身材很好的正妹求親，再結婚就好了，忘記這個女人吧！焦仲卿聽了這些話，心裡更不爽，暗暗下了自殺的決定。

結婚當天，劉蘭芝跳湖自殺，焦仲卿也跟著在庭院的樹下自殺。

如果當年有蘋果日報，應該會頭版三天，焦媽還會被肉搜；而這首樂府故事如果拍成民視戲劇，也應該可以是《娘家》漢朝版。陸游的問題，在於陸游聽從陸媽的話，拋妻離婚在先，立刻結婚在後。陸游的愛情，很難令人相信，即便他寫了這麼多浪漫的詩詞悼念前妻，但不過就是「虛情假愛沒勇氣，才來用字騙情意」，不然怎麼還能跟妻子生了七個小孩？這跟徐志摩很類似。然而焦仲卿，我相信他是無奈的。他在那個時代裡，只能聽從媽媽的話，但也就是這樣的無力，最後造成兩家的悲劇。

「不在乎老公很窮，只在乎婆婆很兇」，古代與現代都一樣，如果男人沒有辦法扮演一個捍衛家庭價值的角色，就不要讓妻子住在婆家裡。跟另一個女人爭奪所愛的男人，這種滋味，非常難受。

要知道，萬般難，都比不上跟完全陌生的家人相處難。

追求愛情的張紅橋

你的人生只有愛情？那麼你不是在過人生，而是活在自己的世界裡。

中國的詩詞史，大抵是男人的天下，比較有名氣的女詞人，大概都知道是李清照。不過在明朝初年，也就是七百年前，有另一個很厲害的女孩，名字叫做張秀芬，她的詩詞竟然也流傳到現在。張秀芬，比較為人所熟知的名字，其實是張紅橋，因為她家就在紅橋旁邊，索性稱自己叫做紅橋。

她的一生，就是愛情「而已」。

張紅橋從小父母雙亡，就跟阿姨住在一起。兩個女人，一大一小，無以維生，只能以自己的才藝，招攬當地的名人雅士來喝茶聚會，有點類似現在的文藝咖啡店之類的。張紅橋「據說」才貌出眾，在福建這個地方逐漸小有名氣，也引起許多土豪哥、文青弟的青睞，紛紛向阿姨表示，願意把紅橋妹帶回家。然而，阿姨非常堅持必須要紅橋妹點頭，而紅橋妹開出的條件是，必須要以詩文得勝負。別人是比武招親，她是以文會友。

這件事情傳遍了閩中，當年有好幾個青年才俊，號稱閩中十才子，就是十個很帥又會寫詩詞的文青，紛紛向這個女孩發動攻勢，經常寫詩對她表示情意。但張紅橋始終沒有興趣，不是嫌棄人家太過直白，就是認為沒有誠意。直到號稱「閩北風流才子」的王偁出現，事情有了變化。

王偁這個人，文才當然不錯，但是更有謀略。他先在紅橋妹家隔壁租了房子，而且他租樓上，紅橋的房間在對面樓下，所以每天都可以看到紅橋午睡的可愛模樣。他這個痴漢，竟然寫了這首詩，託人送給紅橋：

「象牙筠簟碧紗籠，綽約佳人睡正濃；半抹曉煙籠芍藥，一泓秋水浸芙蓉。神遊蓬島三千界，夢繞巫山十二峰；誰把碁聲忽惊覺，起來香汗濕酥胸。」

這首詩，大概有性騷擾的等級，當然被紅橋丟入垃圾桶裡。就在王偁無計可施，自以為風流，卻被當作色情狂的同時，第一才子出現了。王偁的好朋友林鴻來拜訪他，無意間看見紅橋妹，又驚為天人，也寫了一首詩給她：

「桂殿焚香酒半醒，露花如水點銀屏；含情欲訴心中事，羞見牽牛織女星。」

跟前一首比較，等級差距實在太大，紅橋妹看完以後，就回了這一首詩，這是她第一次對告白的人回信：

「梨花寂寂斗嬋娟，銀漢斜臨繡戶前；自愛焚香消永夜，從來無事訴青天。」

從此以後，兩個人開始寫情詩往返。王偁為了力挽狂瀾，買通了紅橋妹紙的丫鬟，每天還是把窗簾拉開，看著他們的親密互動，又寫下一首詩給她，表示他真的很有文才：

「一雙明月貼胸前，紫晶葡萄碧玉圓；夫婿調酥綺窗下，金莖幾聲露珠懸。」

如果當年明朝有狂新聞，這首肯定會上榜，一個福建排名第二的才子，竟然只會寫這種等級的詩詞把妹，而且字眼非常露骨，一點也不符合傳統詩詞的風格，只有淫穢，沒有隱晦。紅橋大怒，把丫鬟開除，而王偁出局。

張紅橋與林鴻，就這麼相處了一年。不過，一道南京的人事命令來了，要求林鴻回南京當官。林鴻沒有太多猶豫，就決定放下紅橋妹，回到南京工作。兩個人從此以後，就以書信往來。他寫了非常多情詩給這個無緣的女人，甚至會用她的名字串成七首七言絕句，每首的句尾，都有紅橋。不過，就只是信，其他什麼都沒有。當然，他沒回去福建，把紅橋帶回來南京。

對他而言，或許就只是一場一年的春夢而已。

不過，紅橋妹可沒這麼想。這一年當中，紅橋一直在等他，咖啡店索性不開了，每天就是以淚洗面，等著這位林先生迎娶。當然等不到啊！傻子！南京城風光旖旎，他怎麼會記得福建這個可憐的小東西？

一年後，林鴻總算記得要回去找她，不過紅橋妹已經過世，得年三十歲。據說，是因為思念過度，失戀無藥醫，當然，紅橋也不要醫，沒了他，死了算了。

紅橋妹在過世前，一樣寫了七首七言絕句對應林先生，每一首詩，最後都有「鴻」這個字，最後一首是這樣的：「一南一北似飄蓬，妾意君心恨不同，他日歸來也無益，夜台應少系書鴻。」

意思就是，其實我知道你變心了，你也不用回來了。

這件事情，引起福建十大才子紛紛寫詩悼念，王偁還特別趕過去罵了林鴻一頓，認為這傢伙不知道珍惜，簡直是爛人一個。

好的，歷史故事一定有意義的，今天要告訴大家什麼呢？

1. 愛情不是人生的全部，愛自己比起愛別人，重要太多。
2. 文章不代表一個人的品德，人不必然如其文。
3. 文字低俗，不代表這個人不真心。
4. 遠距離的愛情，通常有危險。牛郎與織女的故事，一點也不好玩。
5. 許多男人有了錢就會作怪，但看過這篇文章的人不在此限。
6. 感情不是靠說，是靠行動，不要只會出一張嘴。

7. 王偁是史上第一個被記載的偷窺狂，福建第二才子的美名就這樣子臭了。

8. 不過第一也沒多好，不過就是個負心漢。

9. 沒意思就不要招惹人家，基本上你的一下子，可能是她的一輩子。

10. 台灣也是有很多「三重金城武」、「基隆劉德華」、「台中孔劉」、「左營宋仲基」，我們不要妄自菲薄。

朴槿惠的姊妹情V.S明憲宗的姊弟戀

就算曾經患難與共，你也只能給自己的所有，而不是拿別人的所有，全部交給這個人。

我今天要講的，不是水星進天蠍的變化，而是一段明朝皇帝的姊弟戀，與南韓總統朴槿惠的故事。

朴槿惠的故事要從兩個人的父親開始談起。朴槿惠的父親是朴正熙，在西元一九六一年時發動政變取得政權，並且從此擔任十八年的總統職位，實施獨裁政治。他的施政毀譽參半，批評他的人大部分都認為他在任內摧毀民主，喜歡他的人則是認為南韓經濟發展的推手就是他。在他任內，台灣與南韓是很好的鄰國，因為他堅決反共。

不過，因為他的獨裁統治與強烈反共，引起國內與北韓諸多不滿。他的夫人在一九七四年的時候被暗殺，他也在一九七九年被自己的親信暗殺，只留下三個孩子，其中之一就是朴槿惠。她媽媽過世時，她才二十二歲，父親過世時是二十七歲。

接下來，我們來談崔太敏，也就是崔順實的父親。他在一九七四年間，已經是南韓相當大的宗教勢力，也就是永生教的教主。朴槿惠的母親被暗殺後，他與朴正熙總統聯繫，提到「妻子的死亡，將帶來朴正熙時代的來臨」，又寫信給朴槿惠，告訴她母親託夢，要他好好照顧槿惠，把這孩子視為己出。一開始，兩人的關係或許還沒這麼密切，但是一九七九年朴正熙被暗殺以後，朴槿惠開始了飽受人情冷暖的生活，身為獨裁者的後代，又無一官半職，當然不會過得太好。然而，崔太敏對她卻是更加照顧，崔順實是崔太敏的五女，小朴槿惠四歲，兩人以姊妹相稱，朴槿惠從原本的公主墜落到平民，就是仰賴崔順實在生活上的照顧，還有崔太敏的保護。一九九四年以後，崔太敏過世，兩個姊妹的關係就更緊密。直到朴槿惠當上總統。於公，很多政府官員認為，南韓權力的排列順序是「崔順實第一名、鄭允會（崔順實的配偶）第二名、朴槿惠第三名」。於私，朴槿惠的弟弟曾說過，這兩個女人的感情，可說是「比血還濃的水」。

所以談到這樣的背景以後，大家應該就不會意外，為什麼朴槿惠會這麼仰賴崔順實。不僅把所有的機密文稿交給崔順實過目，還主導了一千八百億韓元（約五億元台幣）的文化預算案，另外崔順實主導的基金會也收受南韓企業數百萬美元的捐款。當然，引發這一連串事件的導火線，就是崔順實女兒的「梨花女子大學入學關說案」。

她女兒據說擅長馬術，而梨花女子大學在去年則是臨時修改入學規定，讓馬術列入免試升學的項目。然而她女兒因為馬術項目得到亞運團體金牌後，竟然只有她個人因為這項優惠入學。入學以後，遇妖除妖、遇魔除魔，不用上課，通通高分通過，只要有教授不滿，就會被撤換。重點是她太囂張，曾經直接貼文，「錢就是實力，不然你們也騎馬啊，與其罵我，不如埋怨你們的爸媽吧！」後來引發全校師生抗議，校長還因此引咎辭職。

朴槿惠自己在道歉記者會上，形容兩個人是「患難之交」。這讓我想起了明朝的萬貴妃的愛情故事。各位都有學過土木堡之變這件事吧？明朝有個皇帝叫做朱見深，也就是明憲宗。他父親是明英宗，因為御駕親征瓦剌，兵敗土木堡被抓走。大臣們擔心被瓦剌挾天子以令諸侯，所以安排英宗的弟弟繼位皇帝，也就是明景帝。景帝在就任皇帝以後，就把朱見深的太子位廢除，畢竟叔叔不可能傳位給姪子。不過宮廷很險惡，一個廢太子，比平民還慘，祖母因為擔心孫子被害，就派了她的貼身宮女，也就是萬貞兒，去保護這個廢太子。她之所以能保護這個孩子，除了太后的暗中支持外，她比廢太子大了十九歲，人高馬大，對其他要欺負太子的人，不假辭色。

後來，明憲宗即位，當年十六歲，但對於三十五歲的姊姊只有更加依戀。皇后跟萬姊姊吵架，皇帝下令廢后，甚至在第二年與萬姊姊生下一個皇長子，又將她進封為貴妃，實際掌握後宮。萬貴妃一直活到五十九歲，皇帝在她死前，只愛她一人，而且在她死後幾個月，也隨之悲痛而死。

有許多人抹黑萬貴妃，而且認為這樣的姊弟戀，呈現出皇帝的不正常，後宮這麼多人，為什麼要鍾愛一個大自己十九歲的女人？但是，這種患難之交，不就是讓明憲宗一直愛著萬貴妃的原因嗎？如果沒有萬貴妃當年對他的好，那些被許多人欺負的日子，又要如何度過？或許當皇帝被眾人擁戴時，他想的、他最懷念的，還是小時候的萬姊姊。

請不要像朴槿惠一樣因私廢公，因為我們都不是活在明憲宗那個專制時代的人。但是，請永遠記得那個在你患難中，對你不離不棄的人，不論是男人，還是女人。

看清男人的恆娘

男人很專一，從二十歲到一百歲，都專一地愛著二十歲的女孩。

在蒲松齡的《聊齋誌異》中，有一篇文章叫做〈恆娘〉，非常有意思，這篇文章是這樣的。清朝有位洪先生，在娶正室以後，又決定納妾。這個小妾相貌比起正室要醜陋許多；但是洪先生每天就是與小妾廝混在一起，完全不把美豔不可方物的妻子看在眼裡。妻子當然很難過，覺得自己哪裡比不上那個新來的女人，只得每天以淚洗面；此時，隔壁家有個布商，布商太太叫做恆娘，看洪太太這麼難過，教了洪太太「美人三招」：

第一招叫做，貴妃回眸：「子則自疏，而尤男子乎？朝夕而絮聒之，是為叢驅雀，其離滋甚耳。其歸益縱之，即男子自來，勿納也。」

這段話的意思是說，如果女人一天到晚在碎念，希望男人回來自己身邊，這就好像趕麻雀一樣，反而適得其反；所以離這男人越遠越好，讓他覺得這女人對自己若即若離，則男人就會黏在女人身邊不放。

第二招叫做，小憐橫陳：「子歸毀若妝，勿華服，勿脂澤，垢面敝履，雜家人操作。一月後，可復來。」朱從之：衣敝補衣，故為不潔清，而紡績外無他問……如是者一月，又往見恆娘。恆娘曰：「孺子真可教也！後日為上巳節，欲招子踏春園。子當盡去敝衣，袍袴襪履，嶄然一新。」

這段話的意思是說，先把自己弄得蓬頭垢面，然後再讓自己煥然一新，這時候老公才會發現，原本看習慣的人，竟然可以這麼美麗。

第三招叫做，飛燕回翔：「歸去一見男子，即早閉戶寢，渠來叩關，勿聽也。三度呼，可一度納。口索舌，手索足，皆吝之。」

這時候，老公一定會「精蟲衝腦」，只想跟原配上床；但是，老婆一定要堅持不給要，不管要牽手或什麼親密動作，一概不給。

這奪命，呃，不，不是，是美人三招，到底有什麼妙處呢？恆娘說：「人情厭故而喜新，重難而輕易？丈夫之愛妾，非必其美也，甘其所乍獲，而幸其所難遘也。縱而飽之，則珍錯亦厭，況藜羹乎！」

老公之所以看別的女人，並不是因為她們漂亮，而是因為剛開始有興趣，而又不好追；如果平常對老婆已經看久了，就算是林志玲也會厭倦啊！

「置不留目，則似久別；忽睹豔妝，則如新至，譬貧人驟得粱肉，則視脫粟非味矣。而又不易與之，則彼故而我新，彼易而我難，此即子易妻為妾之法也。」

所以，應該要製造反差，先讓自己不起眼，接著恢復自己原本的面貌，這時候老公才會知道自己的好，情況驟變，老婆變成妾，另一半也才能懂得珍惜哪。根據蒲松齡老先生轉述恆娘的看法，其實可以總歸一句話，「太容易得到的東西，人就不會珍惜了。」所以，看聊齋，得愛情。不要總是覺得古典文學沒意思，那可是御夫的最佳防禦術。

追求自由的文繡

皇妃誠可貴，夫妻價更高，若為自由故，兩者皆可拋。

中國歷史上的后妃，與皇帝恩愛一生的少，一旦寵幸褪去，能全身而退的女人幾乎沒有。偏偏皇帝的女人又特別多，以晉武帝司馬炎為例，當時後宮的女子數目至少有五千多人，他覺得非常煩惱，不知道每天晚上要去哪個妃子的寢室休息，就算每天到不同的地方去，這五千多個人，恐怕也要十多年才能認識完畢。所以，他想了個奇特的方法，就是每天晚上乘坐羊車，當天晚上羊車停在哪裡，他就住在哪間房間。

在皇宮裡，一旦聖眷衰退，下場可是很慘。所以這些後宮女子紛紛想辦法因應新政策。其中兩個方法最受歡迎，第一種就是在門口灑上桑葉與鹽水，因為羊喜歡吃這些東西。第二種乾脆把母羊所生的小羊抱到自己寢室內，母羊為了照顧小羊，就會往那間寢室走。不過，以司馬炎這種簡單的小腦袋，應該不知道為什麼他的羊車始終往某些特定的寢室走。

所以，西元一九三一年在天津發生的這件史上離婚最大事，就格外有意思了。那一年，中華民國民法剛實施沒多久，依法訴請離婚的人卻已經不少，其中有個人叫做文繡，滿州鑲黃旗人，她委託當時天津律師公會會長等三位律師，訴請與前皇帝愛新覺羅溥儀離婚。文繡，是溥儀的妃子，稱號淑妃。溥儀，就是我們熟知的清朝最後一個皇帝：宣統帝。

文繡在入宮之前，其實家世背景只屬於一般，祖父也就是做過吏部尚書而已。一九二一年，宣統皇帝已經退位十年，但因為年滿十六歲，太妃們都想替這個皇上成婚，所以向八旗貴族通報，要他們提供自己的女兒，作為皇后候選人名單。不過，這次選后的方式很特別，也就是首度採用照片，讓溥儀挑選，他用紅筆圈誰，誰就是皇后。

當時經過幾位皇太妃大媽初步挑選後，只剩下四張黑白照片讓這位十六歲的少年挑選。據溥儀自己回憶，當時他在養心殿選后，覺得四個女生都長得差不多，所以直接圈選文繡，原因是「她衣服上的繡花很好看」。這理由當然不錯，不過，另外一位有背景的候選人，也就是滿洲正白旗郭布羅氏榮源家的女兒，名婉容，家族們立刻發動關說的勢力，找了端康太妃來反對。文繡則是有敬懿太妃的支持，基本上，兩派人馬都各有來頭。

敬懿太妃，是同治皇帝遺下的三個妃子中，聰穎又有頭腦的一個，當然也有很大的野心。她用慈禧的一句話「承繼同治，兼祧光緒」，肯定自己的正統地位。然而，宮中的實權人物，光緒皇帝的妃子端康，則有民國總統袁世凱的支持，最後溥儀生母的瓜爾佳氏因為跟端康關係密切，附和端康，婉容因此勝出，當選為皇后，文繡則是成為淑妃。

據說，文繡為人傳統，相貌也不是相當好看。但是婉容就不一樣了，除了相貌、個性以外，她與溥儀一樣，都熱愛西方文物與語言，溥儀的英文名字是亨利，婉容則是為自己取名為伊莉莎白，他們兩人除了性生活以外，一切都很合適。是的，性生活，因為溥儀「據說」有性功能障礙，直到晚年，都是如此。

文繡比起婉容來說，命運更為悲慘。因為她是妃，不是后，婉容就是有權利不讓溥儀跟她接近，而溥儀對她也毫無興趣。在紫禁城內，每天能做的事情就是跟溥儀請安、婉容請安、皇太妃們請安，然後回到自己所住的長春宮內，讀書寫字刺繡，什麼也不能做，當然溥儀更不會來找她。就這麼過了幾年，溥儀被趕出皇宮，她跟著溥儀到了天津居住。

不過，因為長年的冷暴力，文繡無法再繼續這樣的婚姻生活。一九三一年，文繡從溥儀所居住的靜園離家出走，並且透過律師，根據中華民國民法的規定，向皇帝提出離婚，由天津地方法院審理。為了這件事，文繡的家族極力反對，在報紙上登了公開信，譴責文繡：

「頃聞汝將與遜帝請求離異，不勝駭詫。此等事件，豈我守舊人家所可行者？我家受清室厚恩二百餘載，我祖我宗四代官至一品。且遜帝對汝並無虐待之事，即果然虐待，在汝亦應耐死忍受，以報清室之恩。今竟出此，吾妹吾妹，汝實糊塗萬分，荒謬萬分矣！」

文繡看了非常不爽，也立刻登報回文，「查民國憲法第六條，民國國民無男女、種族、宗教、階級之區別，在法律上一律平等。妹因九年獨居，未受過平等待遇，故委託律師商榷別居辦法，此不過要求遜帝根據民國法律施以人道之待遇，不使父母遺體受法外凌辱致死而已……若吾兄教人耐死，係犯公訴罪。檢察官見報，恐有檢舉之危險。理合函請我兄嗣後多讀法律書，向謹言慎行上作工夫，以免觸犯民國法律，是為至盼。」

這件「妃子向皇帝訴請離婚」事，引起輿論議論紛紛，雙方律師一直進行私下和解，但文繡堅決不願意繼續維持婚姻，最後天津地方法院發出傳票要溥儀出庭，溥儀為了不要出現在民國的法院，最後達成和解，同意離婚。不過他還是在各大報發布「聖旨」：「淑妃擅離行園，顯違祖制，撤去原封位號，廢為庶人，欽此。」

這場離婚，文繡總算爭取到她要的自由。如果一九三一年，曾經有個女子，在全家族的反對下，仍然對皇帝提告，獲得自由，現在已經是二〇一七年了，妳還有什麼好害怕的呢？

任性自私的徐志摩

他，究竟愛誰？張幼儀、林徽音，還是陸小曼？依我看來，他只愛他自己。他，就是一個徹底自私的男人而已。

對於愛情，究竟能不能任性？這個問題讓我想到了徐志摩。

談到徐志摩，他是個寫詩有名的才子，以「為愛痴狂」的角度來看，他應該可以說得上是民國初年最狂的一個名人。徐志摩有三個曾經在一起過的女人，分別是張幼儀、林徽音與陸小曼。

張幼儀，是徐志摩在父母安排下結婚的對象。他們兩人的個性其實南轅北轍。徐志摩，用現在的話來說，大概就是追求流行的富二代。張幼儀，大概就是樸實認命的大家閨秀。據說，一心追求西化的徐志摩，對於這個個性完全不合的女人，一點感情也沒有。動輒就用「土包子」直接對她洗臉，而且對她的態度，就是冷若冰霜，如果當時有保護令，張幼儀去聲請，肯定會過。徐志摩是以堅決且殘酷的言語暴力，不斷地要求離婚，特別是在認識林徽音以後。

不過，最殘忍的地方也在這裡，張幼儀懷孕的時候，徐志摩正瘋狂地追求林徽音。因為林徽音不願意跟這個不切實際的富二代交往，也表明他有婚姻，不可能有進一步的接觸，徐志摩竟然要求張幼儀離婚且墮胎。張幼儀跟徐志摩說，「可是墮胎有可能對媽媽造成生命危險。」徐志摩非常不屑地回應她，「平常也有火車出軌，難道妳就不搭火車嗎？」

據說，林徽音是點燃他寫詩動力的女人。當年她十六歲，徐志摩是兩歲孩子的父親，還有一個孩子在媽媽肚子裡。徐志摩為了這段愛情，決意要求張幼儀離婚，逼迫她簽下離婚協議書之後，林徽音還是沒接受他，因為他太

「浪漫」，浪漫到不切實際。她寧願與梁啟超的兒子梁思成在一起，最少他們的興趣與工作都相同。徐志摩的名句：「我是天空裡的一片雲，偶爾投影在你的波心。你不必訝異，更無須歡喜，在轉瞬間消滅了蹤影。你我相逢在黑夜的海上，你有你的，我有我的方向。你記得也好，最好你忘掉，在這交會時互放的光亮。」「悄悄的我走了，正如我悄悄的來。我揮一揮衣袖，不帶走一片雲彩。」等等，都是寫給林徽音的詩詞，關於張幼儀，隻字片語也沒有，這些詩，其實是他寫給十六歲女孩的情詩。

林徽音沒有選擇跟他結婚，而他最後跟陸小曼在一起。

一開始，陸小曼是徐志摩好友王賡的妻子。小曼才貌雙全，精通法文與英文，但是跟先生王賡個性不合。王賡喜歡工作，小曼喜歡浪漫，王賡就經常拜託徐志摩多多關照。這時候被甩掉的徐志摩，又回頭跟張幼儀在一起，但發現自己愛上了小曼，所以決定橫刀奪愛，王賡對於這樣的關係感到憤怒與厭倦，但也無可奈何，只能成全他們。於是，在梁啟超的證婚下，志摩跟小曼結婚了。他對於愛情，就是不管別人怎麼想，總之追求真愛最重要。

「我將於茫茫人海中，尋訪我唯一之靈魂伴侶，得之，我幸；不得，我命。」這句名言，就是在梁啟超質疑他的感情觀時，他回覆的一句話，得之我幸，不得我命，聽起來很感人沒錯。不過，他們結婚以後，是不是幸，真的難說。

小曼與他，確實恩愛。徐志摩這段時期寫的詩作，感情流露的程度，比起先前毫不遜色，最後甚至集結成《愛眉小札》出版，供天下情侶談情說愛參考。但是，小曼真的太愛花錢，抽大煙、交際應酬，萬般都要錢。徐志摩為了供應愛妻的生活，只能不斷兼課，自己的生活狼狽不堪。最後為了到北京參加林徽音的聚會，省下飛機票的費用，搭乘的貨機失事撞山，得年才三十四歲。

張幼儀呢？離婚後她過得好嗎？非常好。在離開徐志摩這位大文豪詩人以後，她在上海的雲裳服裝公司工作，這是第一家為女人打造的流行服裝公司，另外還擔任上海女子商業儲蓄銀行的副總裁，又善於投資股票，還是中國國家社會黨的財務主管。五十四歲那一年，她與一位醫師結婚，一九八八年才在紐約病逝。

要怎麼說呢？徐志摩反對媒妁之言，勇敢追求愛情，卻聲稱要延續香火，所以跟原配繼續上床。他認為愛情至上，婚姻對他來說，連契約都不是，但是卻積極尋求與真愛結婚。對於張幼儀，他狠心無情；對於林徽音，他藕斷絲連；對於陸小曼，他寵溺放縱。或許他真的是個浪漫的詩人，但我還是很難對他的遭遇有任何的同情。

真愛不是任性，真正的愛情，不應該是建築在別人的痛苦之上的。

Part 2

愛情是問，也是不問

問世間情為何物，
直叫人生死相許。

關於愛情，說個故事……

你一直告訴我，你放不下這段感情，請容我告訴你這個小故事。有位女施主因為感情問題去找僧侶，她對僧侶說：「怎麼辦？我就是放不下這段感情。」僧侶微微一笑，沒說什麼，只請她拿了一個空茶杯，然後把熱茶慢慢倒在茶杯裡。因為熱茶很燙，她拿不住茶杯，於是茶杯掉在地上破碎。女施主連忙跟僧侶道歉：「不好意思，剛剛手被熱水燙得很痛，所以我只好鬆手了。」

「痛了，妳就放下了。」

所以，如果你說，你現在還不想放下，那是因為你不夠痛。夠痛，你就會放下了。

看完了古人的故事，我們開始來談現代人，痛的、傷的那些事吧！

大齡單身女子的愛與生活

有時候妳害怕，只是因為未知而已，而不是自己的能力不足。

一位女歌手曾唱過曲名為《大齡女子》的歌，但這首歌的歌詞卻令我相當驚訝。

一個人到底有什麼不好！這首充滿性別與年齡歧視的歌詞，隨便都可以講出一堆詭異的點：例如被流年困住之類的，怎麼不講星座犯沖還容易聽得懂。最美的衣服還在等，人是衣服嗎？不會主動一點？誰「都」期待能嫁好丈夫？還不要一個人作主？為什麼婚姻是普遍價值，每個人「都」在等著「嫁」好丈夫？一個人決定自己晚上要吃什麼有多不開心？幸福是用來被別人羨慕的？寂寞就捱不住？難道沒有朋友嗎？一個人住？很好啊！這首歌到底在無病呻吟什麼？跟一個感情就像室友的人一起住，還要看他臉色，會比較好嗎？

所以，關於大齡女子，最重要的就是退休金真的要提早準備，保險是一種好方式。如果真的沒有鈔票，那麼，就要善用自己的選票，盡量支持與祈禱，國家不要倒。**伴侶不是不重要，但我們不能期待一定會有個好人陪伴自己到老，我們應該先從自己可以做到的事情開始，也就是存錢與培養興趣**。少年為父，中年為夫，老年為子，妳這輩子會一直不快樂，因為當這些人違背妳的期望，妳就會不開心，這其實是一種親情勒索。

除此之外，運動是一件必要的事情，可以保持自己的健康。如果跟家人有緣，可以試著去珍惜，這一點我做得還不夠好，正在努力中。如果沒緣分，不要勉強自己。更重要的是，不要犧牲自己照顧別人，在不傷害別人的前提下，照顧自己的情緒是最重要的。不要為了所謂的友情、愛情、親情而讓自己不開心，妳有聽過主角配合臨時演員的情緒嗎？

對於不開心的人生，妳要勇敢。勇敢地去改變、去選擇。有時候妳害怕，只是因為未知而已，而不是自己的能力不足。面對、處理與放下，是很必需的功課，逃避雖然不可恥，但沒有用，最後妳會發現，老娘這輩子竟然糊塗地就過了這麼多年。委曲不能求全，只會求得自己一身怨氣，千里之外，大家都聞得到，而且覺得妳很難搞。

以下想給大齡女子一些建議：

1. 年紀大，可以姊弟戀，可以姊妹戀，但是，不需要隨便戀。
2. 愛情與流年毫無關係，但是跟個性非常有關。
3. 不要再祈求白馬王子了，這東西不存在，務實的相處比較重要。
4. 無論一個人或是兩個人，都不能放棄自主，唯一的差別只有在於，結婚了就要彼此尊重，但不是要妳放棄決定權，只是改成一起決定而已。

5. 妳的幸福不是用來讓人家羡慕的！真正的幸福，是看著對方都會覺得想微笑，或者是一種安穩的快樂，不是對方的無微不至，而是自己的開心滿足。

6. 如果妳的幸福，仰賴別人的眼光，那麼妳永遠都不會幸福，因為總會有人不爽妳。

7. 沒遇到喜歡的人，一個人就好。而且一個人，超好。

8. 沒愛情會死？那妳的人生肯定挫折太少！

9. 照顧好自己，才會有別人愛妳，千萬不要無病呻吟、自怨自艾。

10. 好好把握孤獨的時光，因為以後妳會懷念不已。

關於相親，你必須知道的10個小知識

有朋友詢問相親時必須要注意的事項，實在無言以對，因為我實在不喜歡相親。這已經不是《愛情青紅燈》的時代了，還要在那邊「徵筆友，藍天，十九歲，職業上班族，興趣是看書聽音樂看電影」是怎樣？到我的臉書來，可以找到的伴侶就一堆，相親到底是怎麼回事？不過基於善良的心，我還是提醒一下，非得相親時，所要注意的眉角：

1

不要因為年紀而去相親：如果長輩因為覺得妳年紀大，而想安排相親，請拒絕。年紀不是重點，心態才是。而且一堆男人喜歡挑剔年紀，什麼太老不能生之類的，何必花時間花錢被人家羞辱。生不生關你屁事啊！你護家盟膩？

2

不要因為想結婚而去相親：想結婚不是壞事，但是因為想結婚而去相親，肯定是衰事。兩個人都想結婚，所以見幾次面就決定一輩子，請一定要想想，律師費很貴的。

3

不要參加長輩安排的相親：長輩要安排他朋友的女兒、兒子跟你相親，請勇敢地拒絕。通常他們也是被逼的，而且最後沒在一起，還會破壞兩家感情。

4

不要請長輩一起來相親：又不是他們要交往，也不是他們要結婚，到底來幹嘛？

5

不要一直講自己收入多少：你又不會拿錢給對方花，講自己收入多少要幹嘛？況且，你怎麼知道人家收入比你少？最糟糕的是，講完以後，結婚你就慘了，全部充公是很可憐的。

6

不要只會講自己，多聽聽對方說什麼：吃飯的時候，可以談政治、可以談宗教，但就是不要只會談自己，而是多談點彼此的興趣，說不定你們一個喜歡川普，一個喜歡希拉蕊，當場翻臉也就不用下一次了。宗教與政治的歧見，無可妥協。雖然在真愛前面是無所謂的，但就怕你們以後沒有愛，所以先談清楚比較好。

7

不要在高級餐廳相親：因為付錢的時候，到底要不要ＡＡ制，會讓人很煩。最好的地方就是麥當勞，遇到不喜歡聽的話題可以裝作太吵沒聽到，還可以順便觀察他是不是喜歡小孩子。

8

不要只有兩個人參加相親：一群朋友可以化解無話可說的尷尬，如果覺得旁邊的妹紙或葛格比較正，還可以留下電話或是LINE。

9

不要中途逃跑：有始有終，至少這一次，下次別約就好。中間逃跑是不道德的，就算對方很糟糕，總比結婚跑不了好多了。

10

不要急：我說你啊！你到底為什麼要相親？一個人不快樂，你以為找到另一個人折磨你，就會更開心嗎？你要先讓自己心開花，那個什麼蝴蝶就會來的。這是顛撲不破的真理。慢慢來，比較快。

姊弟戀的修練課題

有些人說，年紀不是問題，然而，就目前的社會而言，如果兩人年紀差距太大，確實還是問題。

在台灣社會的愛情裡，男大女小居多，不過隨著時代變遷，越來越多女大男小的情況出現。如果女生大於男生將近二十歲，這樣的愛情能不能繼續走下去呢？

關於這個問題，其實只要回一句話就好：「開心就好」。兩個人的感情，兩個人覺得好，那麼就是全世界。愛是永恆因為愛是你，不就是這樣嗎？外人也不需要評論。不過，在台灣這個社會裡，談一場女大男小的戀愛，特別是年齡差距過大，真的會有一些必須克服的問題。

雖然有些人說，年紀不是問題，然而，就目前的社會而言，如果兩人年紀差距太大，確實還是問題，而且是比身高體重都還麻煩的問題，只是說這個問題會隨著年紀增長，而慢慢不會是問題。如果十五歲跟三十二歲，那叫做犯法。至於二十歲與三十七歲，那叫做代溝。四十歲與五十七歲，那叫做溝通。六十歲與七十七歲，那叫做浪漫。八十歲跟九十七歲，那叫做永恆。

至於，年紀差距跟性別或心智成熟有沒有關係，這不一定。最大的挑戰是客觀因素。如果女生是三十七歲，男生是二十歲，可能會有危險。第一個危險，是男生要不要孩子，因為會有高齡懷孕的風險；第二個危險，是沒定性的風險，二十歲的男生，個性通常會比較像瓊瑤電視劇裡的馬景濤，三十七歲的女生，通常會比較喜歡林青霞愛慕的秦漢。你覺得兩種男生的類型相同嗎？

當然，如果男生大於女生十七歲，問題會不會比較小？這也不一定。因為當男生六十歲時，女生才四十三歲，到時候性生活的溝通，恐怕會是兩個人吵架的重大因素。當然，也有男生三十歲就已經跟六十歲一樣，對自己配偶沒興趣（但可能對外面的很有興趣）。是以，男生可能要想清楚，喜歡的是姊姊般的關懷，還是媽媽般的照顧。要知道，當姐姐很好，當媽媽很煩，你得要快速地長大，不然姊姊會覺得你就像是個不成熟的孩子，很快就會對你厭倦。至於女生，可能要想清楚，喜歡的是弟弟般的青春活力，還是兒子般的天真無邪。但是兩種身分或許都不容易接受，你在加班為老闆賣命的時候，這男孩可能不見得能體會輕熟女在職場上衝鋒陷陣的辛苦，下班後男孩還想去ＰＵＢ繼續喝酒，而我們已經累得想回家卸妝睡覺。不論是弟弟或是兒子，包容力都要很大。如果是**小男生**，**定性可能不夠**，**所以要對自己更有自信一些**，**要相信自己的魅力不來自於外貌**，**而來自於成熟**。如果小男生最終要離開，就讓他走，不要留戀、不要藕斷絲連。

在沒結婚之前，兩個人最好不要談錢。不論以什麼名義，都不應該給男孩金錢，否則你們的交往模式，最後會變成性交易，不是愛人。性交易也沒有不好，但是也要兩個人的認知都是如此才行，就怕姊姊當真，弟弟當性交易，最後就會是滿身傷害。

對於姊姊，請接受她不能像同年紀的女孩一樣，她可以為你做菜，但是不能陪你熬夜；她工作很晚，因為責任重大；她必須早睡，因為必須早起；她會有皺紋，因為大家都會老。兩個人對於家族，請都要多一點耐心說服，畢竟這對婆媳，可能只有相差三歲，而男生的年紀，剛好跟女生的姪子差不多年紀。即使馬克宏已經當上了法國總統，也成為姊弟戀的最佳範本，這仍然是兩個家族的修練與課題，請做好被全世界質疑的心理準備。

最後，請珍惜對方，這是很難的決定，對你們而言，都是。

單親媽媽的美麗與哀愁

愛情沒這麼多規矩，但是對於離婚的女孩們，心裡會對於愛情沒這麼多憧憬，而是現實考量居多。

有個網友問我，最近喜歡上一個離婚的媽媽，雖然他不在意她離過婚，也不在意她有小孩，但是總覺得相處的時間很少。這位單親媽媽忙工作、忙家裡、忙照顧小孩，在一起的機會不多，讓他覺得很困擾，常常都因為思念過深而心裡難受。到底跟單親媽媽交往，需要注意什麼問題呢？

在我這麼豐富的離婚「經驗」裡，親手拆散的夫妻實在族繁不及備載。不過，必須要先糾正一個觀念，「我不在意她離過婚」這句話根本就有問題。這句話就是一種「以上對下」的態度，意思就是「我不在意你坐過牢」（對啦，其實也是坐牢）、「我不在意你受過傷」（是啦，其實是重傷）、「我不在意你生過病」（好啦，那真的是嚴重的精神病），這句話的意思就是負面的，不然幹嘛說「我不在意她離過婚」，離過婚是臭了嗎？沒離婚還貌合神離的才可憐好嗎？

不過，如果願意修正這種態度，我還是可以提供攻略作為參考就是了：

在這段關係裡，前夫是最可怕的動物。如果他死了、不在乎了、再婚了，那也就算了。最怕的是他其實還念念不忘他的女友或他的前妻，那現任的人就會很辛苦。因為這個前任會一直騷擾現任，或者是兩個新人的新家，這一點要有心理準備。

事實上，「擔當」兩個字是很重要的。如果前夫出現，現任一定要跟女友站在一起，捍衛自己的愛情。不要因為他的恐嚇、威脅而退卻。基本上，如果他有相關的暴力行為，可以請女友聲請保護令，不要跟這種人妥協。當然，我們可以瞭解她當時離婚的原因。她或許不一定會說實話，但是知道先前因為什麼問題而離婚，總是比較好，免得以後苦主換成自己。並不是只有男人會外遇，女人也會。如果大部分是前夫的錯，就可以鬆一口氣了。不過，**當她非理性地汙辱她前夫，也請明辨是非，個性不合，通常不會是一個人的錯**。

接下來，就要考量自己能不能把她的孩子當成自己的孩子。基本上，這位女友會非常在意這個小孩，基於擒賊先擒王的道理，一定要先討好小孩。如果小孩願意叫自己乾爹，大概很快就有機會跟媽媽在一起了。但是，除非孩子的老爸完全不負責任，否則請不要讓他叫自己爸爸，他的爸爸只有一個，就是生他的那一個。

關於這一點，就是度量的問題了。如果女友要帶孩子給生父探視，甚至一起出去玩，這是沒辦法的。因為就算親權由媽媽行使，爸爸也有探視權，除非爸爸都不主動來看，那麼自己就要認真一點，扮演乾爹的角色，要記得巧虎與佩佩豬，對六歲以下的孩子來說，很重要。這時候，如果生父對於孩子跟自己過於親近很有敵意，要很有耐心地跟生父溝通，他永遠是這個孩子的父親，自己只是孩子媽媽的男友，他跟孩子之間永遠都是沒問題的。但如果遇到不明理的，那就別理他，過分一點的就聲請保護令。

關於孩子，要慷慨一點，如果生父沒付扶養費，自己的經濟能力還可以，那就幫女友多付點錢。養孩子很貴的，身為男友這麼好心，上天一定會回報自己，就算沒有，你女友也會給予很大的「回抱」。對於金錢，請不要吝嗇，以後如果要收養這個小孩，這會是很關鍵的因素。事實上，男人的好，人家都會看在眼裡。

對於單親媽媽而言，如果她沒時間約會，除非是自己根本不是她的菜，否則她一定有不得已的苦衷。這時候，多幫她帶小孩、讓她對於經濟多一點安全感，兩人的相處時間就會增加。如果要跟她生孩子，要有心理準備，她對於前夫的孩子，還有現在生的孩子，會一樣疼愛。而身為不同父親的孩子，絕對不可以有差別待遇，不然以後會有很多的不公平，對孩子不好。

其實，愛情沒這麼多規矩。但是對於離婚的女孩們，心裡會對愛情沒這麼多憧憬，而是現實考量居多，得要有耐心，因為如果是她下半輩子的伴，多花點心思，她會好好珍惜的。

異國婚姻之真實挑戰

即便是兩個本國人結婚，想離婚都得脫層皮，如果是異國婚姻，兩個人還想爭奪親權，那麼將會是一場漫長且不容易的訴訟。

事實上，大部分的人與外國人交往，都不是刻意選擇的。而且，要不要跟外國人交往？這是一種天分與緣分。天分，就是語言能力要還可以，適應外國文化的能力也還行。至於緣分，就是要有機會認識外國人。如果沒有出國深造，這個機會還是可以製造的，例如交友軟體或是到一些特定外國人聚集的場所之類的。當然，也可能在路上轉角遇到愛，但就是要鼓起勇氣主動去搭訕就是了，人生不就是這樣，至少嘗試過，沒成功也能釋懷。

但是，懷孕生子就不一樣了，會需要比較慎重的態度。孩子固然可愛，然而一旦沒有一起照顧孩子的想法，未來就會有誰來行使親權的問題，這可不是簡單的事情。當愛情已經不再，由於兩個人未來可能住在不一樣的國家，如果都想要把孩子留在身邊，就會是一場嚴酷的戰爭。

有了孩子之後，得先考慮要不要結婚。台灣的法律規定是這樣，只要在當地結婚儀式有效，台灣就會有效，至於有沒有依照台灣的方式登記結婚，並不重要。所以如果在拉斯維加斯因為一時興起，花了五十五美元，基於好玩而登記結婚，即使回來台灣後沒去戶政事務所登記，身分還是已婚。

結婚比較有保障嗎？那看你要什麼保障，特別是如果將來要在外國法院進行離婚訴訟，就會知道有多難，在爭奪孩子親權的時候，光是「變動最小原則」，就會讓你跨過傷心太平洋，一個人打包回台灣。對方也會極力攻擊台灣的環境可能不適合小孩成長。而龐大的律師費，會讓你覺得在台灣請律師的費用，簡直只夠付外國律師小費而已。

如果在台灣進行離婚訴訟，事情會簡單一點。所謂簡單一點，就是會有主場優勢，基於法官不會希望孩子有太大的環境變動，會有多一點的勝算。但是這種事情很難說，對方如果有外國護照，可能會直接帶回國，在歐洲或美國比較嚴格，可能會要求對方出示另一半的同意書，但其他國家可能就會讓我們連另一半都找不到，遑論小孩。在過去的司法實務上，曾經就有越南籍配偶，直接把孩子帶回越南，妻子的老家必須要搭機、搭車、搭船、搭摩托車，才能到達。這父親花了非常多力氣，才能見到孩子一面，遑論在越南訴訟。

而且**這種親權官司，往往很難共同監護，特別是另一半沒有拿到台灣國籍的時候，法官往往只能在父母之間選一個，這對於孩子來說傷害很大**。因為父親或母親從此之後，就很難用探視權彌補孩子所缺的親情。例如父親在德國，只是來台灣短暫當顧問，如果父親工作契約到期，又不願意歸化台灣，簽證到期後必須回德國，那麼就是生死兩茫茫，總之會有一個人取得親權，而另一半的探視權幾乎形同虛設，都已經分隔台、德兩地，誰能隔週就到對方家中帶回來探視兩天？

所以，要談跨國戀愛很好，如果有了孩子，請一定要考慮清楚要不要結婚、要不要離婚。即便是兩個本國人結婚，想離婚都得脫層皮，如果是異國婚姻，兩個人還想爭奪親權，那麼心理素質要很堅強，這將會是一場漫長且不容易的訴訟。

在普契尼的歌劇裡，有一部《蝴蝶夫人》，歌劇內容雖然充斥著男性沙文主義與對於東方的偏見，但是卻告訴我們一個血淋淋的事實，也就是跨國親權爭奪戰的黑暗面。婚姻本身，本來就是愛與勇氣的冒險故事，而跨國婚姻的難度與挑戰更高，請慎重與珍惜。

夫妻要學習融入彼此生活圈

如果不是真的愛妳，為何希望妳參與他的世界？

妳覺得情人或夫妻，在一起或結了婚，不管去哪裡、做什麼都要一起嗎？當男友跟妳的個性不同，自己是個很內向，不愛參加什麼聚餐或什麼活動的人，但偏偏男朋友又很愛邀請妳一起參加活動。例如參加男朋友的家庭聚餐，就會覺得很痛苦，甚至連公司尾牙也要參加，這樣的個性不合狀況會一再出現。兩個人在一起，真的有需要做到這樣嗎？

我們先回答一個問題好了。兩個人在一起當伴侶，究竟是為了什麼？為了愛？為了節省成本？為了小孩？不，都不是，容我套用雷洛探長在退休以後，若有所思地對傭人說的話：「人活著，就是為了吃飯。」我們跟對方在一起，只是為了吃飯，也就是生活。兩個人之間的生活點滴，都是兩人之間感情的存款，脫離了這些包袱，其實說散就散，婚姻這種事情都是如此，遑論只是男女朋友。感情，一秒鐘就可以豬羊變色，即使婚姻還在，也可以只是空殼。

所以，**如果自己不想介入另一半的人生，不愛參加另一半的聚餐或活動**，他可能約妳一次、兩次，以後大概也會意興闌珊，不會想要約妳。**久而久之，他的朋友聚會、家人團圓、社團活動，通通都不會有妳**，最後另一個人就會出現，陪他去聚會、團圓與活動。不是他變心，而是始終妳就沒有辦法進入他的心。

妳以為婚姻與感情，只有兩人世界嗎？是的，當然是兩人世界，我的意思是，你們的生活由你們自己決定，不勞兩個家族，或是其他親朋好友決定。但是，他應該可以跟妳分享他的朋友圈、親戚團，不然哪天發現，他根本就是結了婚有三個小孩，這時候要怎麼辦？或者是，哪天他劈腿以後人間蒸發，連他家在哪兒都不知道，怎麼去買凶殺人（大誤）？

當這個人願意，也希望對方可以參與他的生活圈，而自己卻覺得，因為內向所以很痛苦？然而，當對方的活動都不要自己的任何參與，他朋友以為他單身，他公司以為他沒交往對象，他家人以為他需要相親，難道就是最好的選擇？事實上，另一半攜伴參加是因為在乎，不然問問網路上的鄉民，如果不是真的愛妳，為何希望妳參與他的世界？

如果自己真的不想去，當然可以溝通。自己要在適當的時間與場合，告訴他困擾之處，然後試著參加幾個活動。而如果所有活動都一個人去，肯定有隱情：他說不定已經結婚、已經有女友，所以才會把妳的生活與他的人生，澈底切割。

特別是，當這個男人的公司尾牙，也邀請妳參加，代表他已經要斷絕自己跟別人交往的可能，站在感情的忠誠度上，應該是無可挑剔了。事實上，兩人世界是最脆弱的，兩個人談戀愛，只有你看我我看你，然後兩個人對望傻笑，這樣的生活一點也不有趣。兩個人並不是「都」要在一起，而是要「經常」在一起。妳可以保有妳自己的生活，他當然也是。可是如果彼此有好玩的活動，為何不能參與？內向不能解決問題，只會製造更多的問題。除非，你們兩個都是內向的人。

換另一個角度思考，活動裡認識的人，會是妳的眼線、抓耙仔、間諜、爪牙，當妳認識了他爸媽，而且成功的籠絡他們的心，這個對象還有劈腿的機會嗎？當認識了他朋友，而且他朋友也喜歡妳，他的生活不會一直想找妳一起過嗎？當妳認識了他同事，以後公司聯誼相親，他還有生機嗎？

以前聽過這樣的笑話，當男人整夜未歸，女人打電話給他的男死黨，死黨通常會說，他整夜都在朋友家睡覺，電話響了一百聲也沒聽到。而當男人打電話給女死黨時，往往女人都會說實話，不在就是不在。從這個笑話來看，朋友在吵架時可以當作黏著劑：他們可以站在妳的角度上，去盡力同理對方，也可以幫助妳跟老公說說妳心裡怎麼想的。而且如果沒有他們的幫忙，妳可能連老公今晚睡哪兒都不知道。多認識一些人可以讓妳的生活更有趣，說不定分手以後，這些人也可以是妳的好朋友。

感情，其實就是生活，當你們要分手時，這些生活的記錄，可以讓妳挽回這段感情，或者是，無法挽回後，回味一輩子。你們之間，在我看來，其實是你們彼此都痛苦，要不要考慮放生呢？

認清嫁入豪門的殘酷生活

不用「嫁入」豪門，豪門只會讓妳好悶，妳自己，可以就是好門。

有個朋友，現在正值別人口中的適婚年齡，但是選擇跟其他人走不一樣的路，不僅沒有按照父母的腳本找個穩定的工作，反而飛到國外的公司上班，她的母親一直希望女兒可以嫁給有錢人，她認為這樣女兒就不愁吃穿，還可以幫助到娘家。但是她不願意答應這種令人白眼的要求。事實上，她並不覺得嫁有錢人會幸福快樂一輩子，新聞天天都在報有錢人包小三，然後照三餐揍正宮，不知道為何媽媽對於這種新聞就是會突然失憶失聰兼失明。母親與女兒，每次談論到這種話題，不是激烈吵架就是冷戰超久，最後就給女兒冠上不孝又自私的罪名，一句「我辛苦養妳這麼大，妳就是這樣回報我，自己去國外把父母丟在台灣……」讓她覺得氣憤內疚又無力，更不知道自己哪裡做錯。其實，她在國外已經在做自己喜歡的工作，有一個穩定的男友，自力更生養活自己，她非常不能理解，到底為什麼要嫁有錢人？

事實上，這位朋友與母親間的衝突，不是世代差異，而是親情勒索。母親把自己想要的機會，投射在女兒身上，要求女兒必須完成她的心願。然而，女兒自己有喜歡的工作，代表白天都很幸福；有穩定的男友，代表晚上與假日都很快樂；能自力更生養活自己，代表平常都很幸福快樂。既然都已經幸福快樂，為何很多人看不到這一點，拚命想要「嫁給」土豪哥，而不是與彼此相愛的人結婚？

這應該是普遍的迷思：有許多人以為，嫁給豪門，就是不愁吃穿。離婚時，瞬間有幾百億的贍養費到手。

這就未免太小看有錢人與法律。這年頭，藝人嫁到豪門而有好結局的並不多見。能夠取得豪門之家信任，最有名者就是彭雪芬。彭雪芬，是五字頭世代的劉若英，當年彭雪芬與台新金控董事長吳東亮結婚，嫁入新光吳家的時候，創辦人吳火獅覺得彭雪芬婚前與一些男藝人有曖昧的關係，曾經要求彭雪芬不可和吳家人同桌吃飯。簡單來說，豪門就是認為藝人是戲子，一點也不入方家之眼。後來，吳東亮被胡關寶集團綁架，吳家人六神無主，而彭雪芬當時又子宮外孕，但她還是盡力營救丈夫，在過程中即使身體極為不適，但是彭雪芬依然冷靜沉著，最後吳東亮平安歸來，此後吳家便對她另眼相待。

要嫁入豪門前，先看看自己有沒有這個斤兩。

豪門的規矩多、應酬多、關係多，唯一少的就是錢。特別是第二代，所有的錢都是老爸的，朕沒給的，太子當然不能要。即便朕給了，這在法律上也叫做贈與。根據民法規定，贈與的部分不列入夫妻剩餘財產分配，所以將來離婚，縱然皇上把圓明園給了太子，對於太子妃來說，也不過是廢墟一座。進了豪門，要陪同應酬、要謹言慎行、要失去自我，唯一有的，就是等到老公過世，才能熬成真正的皇太后，分到老公的遺產。在這漫長的數十年間，只有忍耐二字，一旦離婚，什麼都是贈與，什麼都分不到，回頭卻是一場空，嫁給豪門到底有什麼用？

真的要找個人相互依靠，應該是在他最落魄、最失意的時候，鼓勵他站起來。在困難中互相成長，在患難中累積財富。永遠不要為了男人丟棄自己的專長與職業，如果只是看到對方身價有多少，就嫁給對方，別忘了剩餘財產制的分配，不能取得婚前財產、贈與及繼承所得的遺產，既然無寸土之功，何來列侯之賞？

漢武帝在寵妾李夫人過世前，希望見她最後一面，但是垂死病中的李夫人悍然拒絕，旁人問她何故，她淡淡地說，「我以容貌之好，得從微賤愛幸於上。夫以色事人者，色衰而愛弛，愛弛則恩絕。上所以攣攣顧念我者，乃以平生容貌也。今見我毀壞，顏色非故，必畏惡吐棄我，意尚肯復追思閔錄其兄弟哉！」

「以色事人者，色衰而愛弛，愛弛則恩絕。」因為很重要，所以只講一次。豪門對於看上自己兒子的女人，永遠都是這樣想的。

給想進豪門的人的10點建議

1

想當豪門，妳有兩個選擇，自己當豪門，與伴侶一起努力當豪門。如果選擇「嫁給」富二代，這不叫做當豪門。妳，在人家的眼裡，就是增產報國、攀龍附鳳、圖謀家產、不事生產的一個隨時可替換的女人。

2

伴侶是有錢人，可以讓妳不愁吃穿，但是妳的吃穿都要看別人，別人不給的時候，妳還是得犯愁，天底下就是沒有不勞而獲這種東西。

3

以色事人者，色衰而愛弛，愛弛則恩絕。意思就是說，長得正所以得人疼，不正的時候就沒人愛，沒人愛就沒錢拿。更何況，更正、更年輕的人，永遠都是後浪推前浪，然後前浪死在沙灘上。

4

許多男人都很專一。三十歲愛二十歲，四十歲愛二十歲，五十歲愛二十歲，到了八十歲，一樣愛二十歲，都一樣的專一。但是，女人不可能永遠二十歲。

5

有錢人不一定會包養小三，特別是白手起家的有錢人。工作都沒空了，哪來的時間包養小三？當然，喜歡投機取巧與不勞而獲的人，不在此限。但是包養小三這種事，不分貧富。

6

有錢人也不一定會打老婆，家暴這種事也不分貴賤。

7

嫁給有錢人，還拿錢回娘家，通常就死定了。基本上，古代認為這是七出的離婚原因，現在則是認為這叫做偷竊。既然被認定是賣身為奴，奴隸怎麼可以拿錢回奴隸家？

8

父母養孩子到成年，是很辛苦。然而根據法律規定，是他們應該做的，誰叫老爸當時不戴保險套。以後他們孤苦無依的時候，記得照顧他們就是了，但是，法律可沒叫妳賣身給他們，他們要妳追求豪門，妳無須捨身拚命做。

—9

如果媽媽要妳嫁給有錢人，通常就是她自己的願望投射而已，不用太在意。但是要為爸爸惋惜，因為看來媽媽對於嫁給他這件事，感到遺憾。

—10

網路上流傳一組神奇數學，87+87=174，這不只是數學，也是真理。只想找正妹的人，跟只想找土豪的人在一起，結局就是一起死。

男友還對前女友念念不忘

或許有一天我們在時光兜轉中會陡然發現，原本那些以為驚天動地的情愛流離，最後都只不過成了慷慨的饋贈。

當談一段感情時，前男友突然說很對不起妳，即使已經交往幾個月，還是沒辦法愛妳，還是會想念前女友。他們在一起這麼久的時間，有很多事情忘不了，所以他希望等她，很謝謝妳陪他度過這些日子。妳會怎麼做？傷心、難過、同意分手、否定自己，還是拚命挽回？其實，在還沒結婚之前，在一起，需要兩人的同意，分手，只需要一個人的決心。所以，請不要對於分手這件事情太過在意，畢竟這件事，只會浪費妳幾個月的時間而已，而不是讓妳覺得這輩子與這個人糾纏不清。

很明顯，當一個人跟妳這麼說，他應該還沒準備好談下一段感情。或者，他剛爆胎，妳是備胎，他只希望原廠維修，妳卻硬要他使用備胎。或者，妳就是他的籃板球，當一個暫時的女朋友。通常，他在分手後，立刻跟妳交往，會有兩種可能的心態，第一種是，他希望藉由跟妳交往來療傷，因為忘掉前任，最快的方式就是找個現任；第二種是，他只是想要藉由交往新人來肯定自己的魅力未失、寶刀未老，老驥伏櫪還能屢戰屢勝，而妳，剛好就是那個人。

所以，當妳以為他是妳的真命天子，而你們正開始嘗試瞭解對方，對方卻突然告訴妳，他其實對於前女友還念念不忘，對妳而言，當然是嚴重的打擊，而且彷彿是對方在一夕之間背棄了妳，投向別人的懷抱。這比起變心來說，更為令人傷心，因為前任說不定還不願意接受妳男友，他的苦苦痴戀，妳通通看在眼裡，而他卻已經對妳，不屑一顧。這或許是更令人無法接受的地方。

然後呢？難過？對，當然會難過。妳或許沒聽過張曼玉這位藝人，即使她是我們這個年代非常著名的香港演員。在給妳這些建議的時候，我想起了那一年的張曼玉。當年，她和大多數漂亮女孩一樣，有著亮麗年輕的黑髮，眼神明亮而純粹，笑容乾淨純真。跟大多數不知名的小演員一樣，上過TVB的演員培訓班；也許，和一些平庸男人談不痛不癢的戀愛；人生的傷害還沒有給她狠狠的雕琢。當時，張曼玉並不知道日後在她身上發生的故事，還有那些愛了又愛的，無數的盛開和枯萎。她在經歷了這麼多事情以後，站上坎城的舞台，當上了國際影后，當她回想過去在TVB的時候，會有什麼記憶？其實，面對人生的不順遂，從驚慌失措，到氣定神閒；或許有天我們在時光兜轉中會陡然發現，原本那些以為驚天動地的情愛流離，最後都只不過成了慷慨的饋贈。

他就是其中一個平庸的男人而已，人生也還沒開始雕琢妳。妳知道雕琢嗎？就是以後或許妳會結婚，面對世間情的婆婆、甘味人生的室友配偶（或稱為夜間部同學）、花系列的同事，妳才會知道，這些雕琢或折磨，對於妳後來的蛻變，有多麼重要。而且妳還不一定找得到冠名贊助商，但是觀眾堅持不要妳下檔。然後這齣爛戲，不曉得要演多久。

其實，這才是真實的人生。失戀，是該哭，但是擦乾眼淚就要往前走了，怎麼還好意思留在原地？妳的人生一直在流轉，怎麼好為了幾個月的不甘心，一直想要毀掉妳自己以後的美好時光？

還放不下？施主，痛了，妳就放下了。

所以，如果妳說，妳現在還不想放下，那是因為妳被傷得不夠痛，夠痛，妳就會想要放下了。

至於怎麼才能更痛？

這個問題問得好，讓他繼續傷害妳，一邊跟前女友來往，一邊繼續跟妳上床。當妳要求他不要這樣藕斷絲連，他冷酷地回應妳辦不到，妳或許就會更痛了。

別怕痛，痛，是人生必經的過程。

個性迥異情人要不要在一起？

你們在開口的那一剎那，都只是想到自己，那是愛自己的面貌，不是愛對方的念頭。

「呂麗絲您好：我有一位交往快三年的男朋友，我們的個性南轅北轍。我們時常會發生爭吵，而這些爭吵好似無止境的延續，也在不經意下深深地傷害了彼此，為了保護對方，我們定下了許多規矩，卻又無意間被束縛得無法喘息。以前我總覺得有愛就可以解決一切，畢竟我還沒到『日子過了就好』這般將就的年紀，有了問題便會想去解決改善，但卻發現有些事情不是尊重包容與體諒就可以解決的，本質的不同又該如何去調適呢？是不是，不同的兩個人本不應該要相愛？為什麼這麼努力又這麼相愛珍惜，卻好似沒有一條路讓我們走下去。又或是，愛情，應該要是什麼樣子呢？」

妳在去年的最後一天發這封訊息給我，想必心裡很感傷。

愛情是什麼樣子？愛情有很多樣子，每個人的看法都不會一樣的。但肯定不是不斷地爭吵、懷疑、冷戰與傷害。如果我沒有理解錯誤，妳的問題大概是這樣的：

1. **個性南轅北轍能不能在一起？**

可以。但是我怕你們不是個性上南轅北轍，而是興趣上東邪西毒。你們個性其實是一樣的，都很不成熟與暴衝，而且都喜歡互不相讓，哪裡是個性上南轅北轍？你們真正的問題在於沒有一致的喜好、興趣與想法，這也是一般人共通的問題，所以，請不要再誣賴個性了，個性會覺得自己很無辜。

2. **對於自己的感情，要不要將就？**

過了二十歲，妳會發現自己突然來到四十歲。所以妳覺得要不要將就？妳可以順從自己的心，還無法離開這段爛感情，那就只能停留在這裡。妳沒辦法強迫自己離開，因為還不夠痛。**其實將就，某種程度上就是妳不去想，妳的感情究竟能有多好，而是被習慣綁架，所以停留在原地而已。**

3. **重複的爭吵與復合，是不是一種愛情的面貌？**

不是。因為你們並沒有真正想要解決問題，而是以爭吵來顯示自己是對的，復合來顯示自己是愛的，但都是自己。你們在開口的那一剎那，都只是想到自己而已，那是愛自己的面貌，不是愛對方的念頭。那怎麼會是愛情？

4. 包容能不能解決一切？

漫無節制的包容，叫做縱容。妳媽生妳不是為了讓妳去包容別人的，至於互相包容，那或許是一種公平的型態，可是妳幹嘛這麼折磨自己與別人？如果這些相處不來的問題真的叫做缺點，那麼對方就得要改，為自己改，不是為妳。如果不是缺點，那妳要尊重，不是包容。

包容、包容？妳沒聽過，紙包不住火嗎？

5. 本質不同，該不該繼續調適？

本質不同，其實無法調適，妳只能學習尊重。調適這種事，我比較擔心妳會失去自我，最後忘記自己本來的樣子。調適自己，變成跟對方一樣，妳不覺得這樣的愛很虐心嗎？妳在四爺與八爺之間，本來就只能選一個。

6. 相愛為什麼要互相折磨？

因為妳一直想要改變自己與對方，特別是對方。妳改變自己一點點，就覺得做了天大的犧牲，然後要求對方要同等的回報。當對方不順妳的意，或者委屈自己去順對方的意，妳就稱之為叫做折磨，這樣不是太累了嗎？

那不叫做愛，那叫做相欠債。

7. **有愛，能不能解決一切？**

如果只有愛與錢這兩種極端的選擇比較，我會覺得有錢比較可以解決問題。愛能解決一切？那麼上帝就不必這麼辛苦地派耶穌來這裡，看著人類互相殘殺了。

8. **定下規矩，能不能解決問題？**

有首曲名為《約定》，歌詞中提到：「你我約定一爭吵很快要喊停，也說好沒有祕密彼此很透明。……不去計較公平不公平。」

我每次看到這段歌詞，都會覺得我的老天鵝啊！這種約定要是有用，家事法庭就可以關起來了。

感情不是靠約定，是靠信任。

9. **愛情是什麼樣子？**

愛情，在每個人的眼中，都有不同的面貌，我無法去定義。我只能跟妳說，不能讓妳覺得穩定與安心的感情，那不會是愛情，充其量就是激情。

妳現在覺得穩定與安心嗎？

10. **你們該怎麼走下去？**

妳把他當作妳的天，以後妳就會叫我的天。感情只是人生的一部分，不行就快閃人，不要演《梅花三弄》。這年頭，被感情搞得身敗名裂的，到處都是，不要來湊熱鬧。

妳知道我的意思了吧？

別讓自己從女友變成保證人

圓夢，要自己去圓。夫妻的互相幫忙，在於情感，或者互相照顧，但不是幫忙創他的業。

有個朋友面色凝重地問了我一件事：

「我交往七年的男友想要創業，但是我覺得他的想法不切實際，本來這也只是他的事情，但是他現在希望我幫他作保。我不知道該不該做這件事，不做，可能我們的感情就散了，我很捨不得這七年，但是我的家人都反對。

你覺得我應該當他的保證人嗎？」

基本上是這樣的，借錢需要保證人，可是保證前得要想清楚。如果是一般保證，債務人沒錢，就是保證人還；如果是連帶保證，債務人有錢，也可以找保證人還。擔任保證人，就要有心理準備，這一筆錢未來可能就是保證人得負責，自己有多少本事與能力可以負責？或者，自己為什麼要負責？

圓夢是吧？夫妻共患難是吧？

不是夫妻，法律上就是沒有保障，妳的「保證人地位」在法律上是真，妳的「女朋友地位」，在感情上卻隨時可以變動。即便他就是妳老公，我也不能為他保證，他在事業成功後，年輕的祕書會不會爬上他的床。妳一旦為他保證，以後這筆錢，就是妳的背包，肯定讓妳走得好緩慢，因為他不想還，就是妳還。而且妳沒有權利決定這筆錢怎麼用，因為債務人是他，他還可以很大聲地跟妳說，借錢是我，還錢是我，妳憑什麼管我？

可是瑞凡，你哪天不還，就輪到我。我怎麼知道你哪天突然不想還？圓夢，要自己去圓。夫妻的互相幫忙，在於情感，或者互相照顧，但不是幫忙創他的業。不是我不相信李安這種傳奇，而是這年頭，感情好，天荒地老；感情不好，你娘卡好。所有資源都掌握在他手上，他賺錢、他花錢，妳通通不能管，只有到錢花光的那一刻，才叫妳善後，這一點也不公平。至於賺錢？真會賺錢的生意，很多人會搶著當他的保證人，不差妳一個。如果他是孤芳自賞，妳是慧眼獨具，那麼妳該想想，妳的他，究竟是李安，還是康安？

七年的感情，很心痛。但是，一旦當了保證人，你們的感情等於多了一個變數，妳再也不能瀟灑地說走就走，妳或許會因為這樣子，而多了另一個七年，妳的人生有幾個七年？心痛變成心死，妳覺得會比較好？而且，其實妳會來問我，就代表妳已經對他不信任了，不是嗎？

自己的夢想，自己圓，不要把風險加諸在別人身上。或許，這是妳應該給他的新年新希望。如果這樣就分手、就代表不信任，那麼，一路好走，因為這叫做情緒勒索。

孤女擔心男友謀財害命

婚姻，就是一場花錢的玩意兒，不是妳給他，就是他給妳。

「律師，我最近想要跟交往的男生結婚，但是我周遭的朋友都勸我要小心這個男生，甚至因為我的父母已經離開，又沒有兄弟姊妹，有人認為他在圖謀我的財產，哪天可能會謀財害命。我現在很猶豫，到底應該如何在法律上讓我可以保障財產？」

其實，這個問題的答案簡化版，就是結婚以後，立刻去法院辦理分別財產制。但是如果妳比他先走，你們又膝下無子時，因為妳沒有家人，所以將來所有財產都是他的，寫遺囑也是沒用的。但是，呂大嬸眉頭一皺，不喜歡事情這麼單純。

感情是自己的，不是長在別人嘴裡。所以，請先問妳自己，妳到底愛不愛他？結婚這種事，是建築在愛，或者有人稱之為激情、衝動、懷孕等等因素之上，不是建築在妳朋友的嘴巴之上。不夠愛，就不要結婚，免得日後還是要來找我辦離婚。妳朋友的見解能不能參考？可以，因為當局者迷。但是，請妳去問清楚到底他們為什麼會這樣想？一段不被祝福的感情，妳早晚會動搖，所以妳要明白地問他們，釐清妳與朋友心中的疑惑。

這段感情最糟糕的地方在於信任，而不是在於財產。妳不信任他，而是信任妳朋友，這段感情注定完蛋。法律不能保障你們的感情，只能保障妳的錢，但是為了錢，就別結婚了吧！人生苦短，把錢拿來環遊世界比較實際。

跟一個不信任的人睡在一起，真的太累。

如果要簽署婚前協議，或是辦理分別財產制，並不是不行。不過對於許多台灣男人而言，妳這種作法等於踐踏他的自尊心，因為妳擺明認為他以後不會有錢，或是他就是圖妳的錢，妳覺得這個男人會怎麼看妳？錢很重要。貧賤夫妻，肯定很多哀。但是，不要羨慕那有錢的人，有錢的煩惱妳一定聽聞；也不要羨慕那虛榮人生，爬得越高就跌得越深。**夫妻關係的經營，在於妳剩下一塊錢，願意通通給他，而不是妳有一千萬，只願意給他一千元。**喔，當然他也必須是如此。

這樣聽起來，悲哀的不是貧賤夫妻，而是同床異夢。妳可以理解嗎？台灣的繼承法規定，有五種人可以分妳的財產：配偶、直系子孫、父母、祖父母與兄弟姊妹。如果妳孑然一身，竟然擔心唯一有資格繼承妳財產的配偶，會謀奪妳的財產，這不是要結婚的問題，而是要絕交的問題，有多遠就要跑多遠，竟然還在想結婚？而且，人都死了，還在想財產要給誰？會不會想太多。

離婚，一點也不容易。結婚要兩個人點頭，離婚也是。如果要請法院裁判離婚，一定要有法定事由，妳願意花上幾年的時間，只為了擺脫這個人嗎？痛不欲生，妳聽過嗎？離婚就是一個這樣的過程。婚姻的本質，當然包括物質。我不會假惺惺地跟妳說，婚姻的要素是愛情而已，因為當你們兩個在爭吵怎麼分攤掃地機器人的費用時，感情就會逐漸消磨殆盡。但是，心意很重要，有心，兩人一起拚；沒心，算錢算成精。

如果擔心錢會被騙走，那就別結婚吧！婚姻是一場花錢的玩意兒，不是妳給他，就是他給妳。一個人生活最自在，妳又想守住錢，又想談感情，這很難。當妳心中有那麼一絲懷疑，他愛妳的錢，不愛妳的人，不要結婚比較不會傷害彼此。而且，「因為愛妳的錢，所以愛妳的人」，有時候想想，其實也沒有不好。不然妳以為，愛女人的年輕貌美就高尚，愛男人的家財萬貫就庸俗嗎？

妳的心有一道牆，我沒看見那扇窗。不要因為財富，而擋住妳愛人的念頭。放心去愛，不然妳會發現，大多數時候，傷心比破財還慘一萬倍。

敗犬女王的保護令

踩到一坨大便，即使踩了八年，臭味難忍，也好過踩一輩子。

有個女孩來找我，要我協助她請求保護令。但是，我看了她希望聲請的內容，覺得理由非常薄弱，而且聽起來有內情，所以我詳細地問了她，究竟發生什麼事。

原來是她的男友跟她同居八年，她大男友六歲，但是就在第八年的時候，他們已經想結婚，卻遇到一個情況，男友的媽媽反對，媽媽認為女大男六歲，如果是交往還可以，結婚絕對不行。本來預計今年結婚，男友卻無預警地搬家，然後發了簡訊：

「我媽媽不喜歡妳，我們還是分手吧！」接著，就像人間蒸發一樣，再也找不到。

女孩氣急敗壞，打了無數通電話給男孩，都是轉語音信箱，在消失幾個星期以後，女孩發了好幾通訊息給男孩，大致上的意思就是，你會有報應的之類的，當然免不了一些詛咒。男孩去聲請保護令，也就過了，順便向地檢署提告恐嚇。後來，女孩跟對方和解，賠償對方一筆錢，答應永遠不再跟男孩聯絡。

事情過了幾個月，就在某天的下午，她在家附近的公園散步，那個男生突然出現在她面前，惡狠狠的跟她說，「妳為什麼出現在我家附近？我警告妳，妳要是再靠近我，我就會讓妳接受法律的制裁。」

然後，女孩很恐懼，決定請求保護令。她哭著跟我說，「我現在已經快四十歲了，有前科，誰還會要我？他怎麼可以這麼對我？」

女孩兒，妳可以去看一部日劇劇名叫做：《請和這個沒用的我談戀愛》（ダメな私に恋してください）。這部日劇改編自中原亞矢所創作的日本漫畫。

這部日劇的女主角，叫做柴田倫子，三十歲、無業、無男友、沒錢，在公司倒閉後，曾經餓到想要偷公園貓貓的罐罐來吃，因為她養了一個渣男。這個大學生，先是欺騙女孩刷卡買了一堆精品送他，最後甚至假裝母親重病，跟她借了兩百萬元。倫子辛苦地工作，仍然沒辦法還清債務。

不過，倫子仍然是有希望的，因為她是樂觀、善良、樂於助人的女孩。所以，後來有許多人幫助她解決問題。

女孩兒，妳才三十五歲，儘管這個社會不斷地灌輸，沒結婚就是敗犬。但是，妳自己最瞭解自己是不是失敗者。對，妳是三十五歲了，但還是很年輕好嗎？這跟男女有別無關，而是自己活得開不開心啊！呂大嬸可以給妳一些建議：

1. 如果一個人不開心，兩個人會更慘。

2.兩個人的寂寞，比一個人的孤單要更折磨人。

3.律師當然可以收妳錢，陪妳去開庭，但是不會贏。當花錢打一場不會贏的訴訟，這種事情，一點也沒必要做。

4.保護令不會有前科，只是一個不讓妳接觸對方的命令而已。問題是，妳幹嘛去接觸大便？

5.緩刑期滿，也不會有前科，妳既然是拿緩刑，只要緩刑期間內不要再故意犯罪，那就沒事，幹嘛一直在腦袋裡演小劇場，然後自己迫害自己？

6.踩到一坨大便，即使踩了八年，臭味難忍，也好過踩一輩子。妳知道甩不掉大便的感覺嗎？妳不知道，因為妳沒跟這樣的人結婚。

7.單身不是壞事，是自己的事。有人理直氣壯地問妳為什麼不結婚，妳就心安理得的翻白眼問他，關你屁事？

8.真的想要小孩，有很多種方式可以選擇，但最爛的方式，就是隨便找一個男人生。

9.要讓自己過得好，不論是工作或是生活。至於緣分這種東西，路邊撿就有，只是妳要彎下腰來看。

10. 妳要繼續保持善良與樂觀，這個社會，其實到處都是天使，妳也是其中之一。

不要因為一口氣而告人，好嗎？人生，停留在原地，一點都不好。

學會保護自己的10點提醒

我國的刑法規定，通常都是在事後才會發生效用，在預備階段就會介入處罰者，比較有名的罪名大概也就是預備殺人。然而，對於某些男人而言，我們還是應該學點防身術，事先保護自己會比較理想。

1

跟蹤：如果遇到跟蹤，請立刻向最近的警察機關報案，根據社會秩序維護法第八十九條規定，有下列各款行為之一者，處新臺幣三千元以下罰鍰或申誡：「…二、無正當理由，跟追他人，經勸阻不聽者。」因此警察機關可以視情況對跟蹤狂按次處罰三千元。我就不相信這個傢伙每次都願意付出三千元的代價，換取跟蹤的「權利」。如果警察機關不願意受理，麻煩請撥打一九九九服務專線，或是請警察交代為何不依法處理，這對於女性同胞來說，不是小事，而是嚴重的大事。

2

開黃腔：如果遇到同事或同學在自己身邊開黃腔，講些無聊的黃色笑話，可以當場錄音，基本上，開黃腔這種動作是會重複的，所以別擔心錄不到音。只要錄音後，向縣市政府投訴，就可以對開黃腔的傢伙處以一萬元以上、十萬元以下的罰鍰，而且可以按次處罰。我的建議是，一次錄滿十次，一次移交縣市政府，讓他澈底的心痛。

3

無聲電話：看次數與時段。如果只是一次、兩次，神經不要這麼脆弱，掛斷也就算了。如果是在白天，那就接起電話，優雅地對他罵三字經。如果是晚上，那就設靜音，反正也接不到。順便告訴大家訣竅，如果連續撥打一定以上的數目，可能會涉嫌刑法上的強制罪，可以到警察局提告。所以面對那種無聲電話，一定要勇敢正面地面對。

4

偷窺更衣：如果是用針孔，已經涉嫌刑法上的妨害祕密罪，可以直接到警察局提告。但如果是用肉眼，沒有使用機器，還是可以依照社會秩序維護法的規定，處每次六千元的罰鍰。麻煩的地方可能是舉證，這部分最好有證人幫忙協助作證。放心，偷窺的人，一樣會有習慣，設局肯定可以抓到他。

5

鹹豬手：如果是直接觸摸身體的隱私部位，或是胸部、臀部，依照性騷擾防治法的規定，要處兩年以下有期徒刑。所以如果遇到這種情況，請直接向警察局提告。這部分的蒐證不甚容易，但是建議一旦發生時，立刻大聲斥責且警告對方，吸引其他人注意，將來在作證上會有很大的幫助。

6

在電話裡罵三字經，或是不堪入耳的淫穢字眼：這些雖然不能告公然侮辱，但是請錄音以後，直接依性騷擾防治法要求縣市政府主管機關處罰，同樣是一萬元以上十萬元以下的罰鍰。至於錄音，請放心，這種人會一再重複這種無聊的行為，肯定有機會的。

7

翻垃圾桶，偷私密的垃圾：基本上，垃圾已經是無主物，所以很難論以罪嫌。所以只能說，自己要小心垃圾的處理，盡量直接丟進垃圾車，或是由公寓大廈的管理清潔人員直接處理。至於若對方進入家裡，那就已經涉及侵入住宅罪，可以提出告訴。

8

傷害：如果已經動手打人或拉扯，對方可能會涉嫌傷害罪或是強制罪，也是在醫院驗傷之後，直接到警察局報案即可。進一步而言，如果是同居的男女朋友，可以在有驗傷單的情況下，請求保護令的核發。不過，兩人如果沒住在一起，或是不認識，法院就不會核發保護令，這點要特別注意。

9

強制性交與猥褻：只要是不願意的性行為或接觸，而且涉及到肢體的強制力或個人心理的恐懼，就可以提出強制性交或猥褻的告訴。性交與猥褻的差異在於是否碰觸到性器官。而性交，不限於兩人性器官的接觸，只要是一人以強制的方式，使用手指、器物、性器官等，插入對方的性器官，都會是強制性交。

10

不姑息：基於一定要湊十點的原因，所以要提醒各位，不要對於造成自己困擾的人姑息。有人之所以堅持某些違法的行為，就是因為女性同胞們對於這種人的放縱。所以，一旦覺得不舒服，一定要依法處理，才能保障自己的權益。

公主該學會的付出與體貼

可以一陣子，但不可能一輩子，人與人的互動，都是互相與平等的。

有些男人，在當初追女友的時候，為了討好她，做了很多很貼心的事情，例如幫女生開各種門，勤接送，還會幫女生揹包包，送花送禮物等等。但是，當在一起久了以後，女友還是希望他跟追求時期有一樣的服務，只是他卻覺得很扯又很累，這時候應該怎麼辦？簡單來說，他想知道，如何可以不傷感情、不傷和氣地讓女友明白，追求期跟交往期，人是不一樣的。

短跑選手，跟馬拉松選手，原本就不一樣。問題在於，有些男人會用短跑選手的方式，讓對方以為男人會用這種速度跑完馬拉松，而且，跑完全程以後，還可以臉不紅、氣不喘。

現在的困境，真的是男人的問題嗎？在我看來，這是男女共同的問題，而不是只有男人的問題。讓我們從「追求」開始談好了，有些男人所謂的「熱烈追求」，根本就是錯的。因為，所謂的「熱烈追求」，其實就是一種強求。而感情這種事，是強求不來的。

人跟所有的動物都一樣，在看到自己心儀的對象時，一定會把所有的優勢展現出來給對方看，這可以稱之為「追求」。然而，追求是互相的，如果一定要把你的優勢發揮到淋漓盡致，也就是以跑百米的速度，證明自己可以用這樣的速度跑完三十公里，這當然會精盡人亡，別誤會，是精神耗盡，簡稱「精盡」。

意思是什麼呢？**男人應該在欣賞對方的時候，適度地展現自己的優點，而不是盡力地把所有資源通通丟出去。**

因為在相識之初，男人就應該知道，如果彼此不是一夜情，或者不是一月情，接下來的春夏秋冬，女人會逐漸看到男人齜牙咧嘴、打鼾挖鼻的各種形象。而如果不想讓一開始呈現的形象破滅，男人可能就開始會覺得辛苦，這都是正常的，畢竟你是以神的形象來面對日常生活。

然而，覺得累，或許一開始是男人的問題，後來就會是兩個人的問題，原因就在於女人的期望。

怎麼會有伴侶認為，自己的另一半可以「日夜接送」、「隨傳隨到」、「當她的司機、當她的快遞、還要當她的提款機」？這種不平等的愛情條約，即便有人願意答應，怎麼會有人敢開口？這不是一般人都應該會有的愛情經驗與常識嗎？

可以理解嗎？當愛情在熱戀期，任何「勉強」的行為都是可預期的；然而當愛情進入恆溫期，即便男人還是想要努力表現，但女人應該要溫柔地告訴男人，「我知道你很累，不需要這樣了，我欣賞你的很多優點，但是我要學著開始包容你的缺點，就如同你應該已經看到我的問題一樣。」而不是繼續享受公主般的呵護。

這年頭，沒有誰應該天生被誰伺候得很好，可以一陣子，但不可能一輩子，人與人的互動，都是互相與平等的。

所以，覺得累，很正常，這不會是男人一個人的錯，而是要一起面對的問題。

男人的錯，在於自己的逞強；女人的錯，在於無視男人的逞強。所以男女之間如果希望繼續維持這段關係，那麼不妨想想如何讓彼此不要這麼緊張，能夠緩慢地對看彼此，然後一起凝視遠方，往相同的方向、以同樣的步伐，堅定地往前走。

愛情，從來就是馬拉松，而不是一場百米的賽跑。

現在，回到男人的問題：「怎麼不傷和氣地讓女友明白你累了？」請把這篇文章拿給女友看。

勒索男的報復行動

愛情這種事，如果沒進入婚姻，就不是你一個人說了算啊！

在對你說教之前，請容我跟你講個故事。很久以前，我曾經接過一通匪夷所思的諮詢電話，是個女生打來的，內容大致上是這樣：

「律師，我男友在街上罵我不要臉，還要我離他遠一點，我已經告他公然侮辱了，昨天檢察官有開庭，他勸我們和解。」她聽起來很哀怨。

「很好啊，妳就跟他和解也是好事，不要為了這種事情浪費司法資源。」

「可是他不答應我的和解條件。」她生氣地說。

「妳的和解條件是？」我想，大概是開價過高，可是不過就是男女朋友吵架，分手也就是了，有什麼好去要錢的？

「我要他跟我復合！」她幾乎是用全身的力氣跟我抱怨。

我聽到這種條件，精神都來了。「這條件好，如果我是妳男友，我立刻同意。」

「為什麼？難道是因為你也覺得我其實人不錯嗎？」她有點害羞。

「不是，因為妳撤告以後，我會立刻跟妳分手。」我毫不猶豫地說。

「這樣不行！」她絲毫聽不出我在言語中的無奈與諷刺。「謝謝律師提醒我，這樣我要改條件。」

「妳要改什麼？」換我無奈了。

「我要求他跟我結婚，這樣我就跟他和解。」她的反應也算快。

「哈！哈！哈！哈！」我就像是戲子一樣大笑三聲，毫不避諱的。「妳知道嗎？公然侮辱頂多罰兩萬，跟妳結婚？那是無期徒刑，妳以為他會跟妳和解？」

「那你覺得我該怎麼辦嘛！我真的很愛他。」她總算知道我的意思了。

「撤告、分手。」我冷酷地說，「他已經不愛妳了，愛情這種事，如果沒進入婚姻，就不是妳一個人說了算啊！對自己的感情設定停損點，不是很好嗎？」

是的，我對於某些人，用訴訟要求不該得的東西，一點也不能理解。對，我就是在說你。

你跟我說，你被女友打傷，所以要求賠償，我其實沒意見，這都是法律上的權利，但是你憑什麼要兩百萬元？你是被打成重傷還是腦殘？車禍死亡，強制險也就是賠兩百萬元而已，聽你的聲音生龍活虎、中氣十足，哪裡來的兩百萬元？

你也承認，只是輕微的紅腫，你竟然想要兩百萬元才和解，你乾脆說不要和解算了，這種數字也太沒行情。即使你跟我說，那是交往過程你對她很好，送東送西，百般照顧，現在既然要分手，以前對她好的，當然全部都要討回來。

喔，那以前她煮飯給你吃、陪你玩魔獸、忍受你的菸味，這要怎麼算？你感情中的事情，你要一次拿回來，我看說不定這就是你女友讓你「紅腫」的原因。說實在話，我不知道你們過去交往的情況，也不知道你們到底是怎麼衝突的，更何況，打人就是不對，無關性別。

但，你不能藉由告傷害，要求巨額賠償，來「彌補」你以前所付出的一切。傷害，像這種程度，大概也就判刑兩個月上下，易科罰金六萬元了事，你自己都知道，卻硬要對方背上前科紀錄，不然就要拿這麼多錢來換，你不覺得這是趁火打劫？

拜託你想一想，你跟她交往的過程，其實損失的不是錢，是你曾經的真心。錢或許再賺就有，你跟她在一起的那一段，你可以跟多拉A夢借時光機偷回來嗎？她至少跟你那一段是真心的，即使後面收尾不好，也不能全盤否定你們曾經一起付出過的那一切，不是嗎？

放手，好好往前走，可以嗎？你可以要求她付出打人的代價，即使你沒對她動手。但是，**你不能要求她付出過去的好，那些過往，在你們決定分手**

時，就已經結算清楚了。你對她，她對你，都是如此。

其實，現在你對她的報復，只是在踐踏與否定你自己，曾經有能力愛過一個人，你知道嗎？

準新娘想悔婚的思考與勇氣

關於愛情，沒什麼大愛可言，只有自己的想法需要被重視。

「我跟交往十年的男友即將結婚，計畫婚禮的過程中，卻發現我們的交流很少，我喜歡的東西男友都沒興趣。想到未來要跟這人一直走下去，令我很惶恐，有人說這是『婚前恐懼症』，結了就沒事了，但我完全無法想像這樣的未來。請問律師我該怎麼辦？要結婚了突然想分手，我是個壞人嗎？」

關於妳的問題，其實答案很清楚，只是妳不願意承認而已。結論先說，妳當然應該結束這段十年的感情，而且好好清理自己的情緒。許多的感情都是這樣，雖然號稱五年、十年、二十年，但這樣的數目也就是虛數而已，一點也作不得準。前面的幾年或許也是悱惻纏綿，也曾相安無事幾個春天，但是後面的時間，純粹也就是「混」而已。

什麼叫做「混感情」？就是兩個人各過各的生活，彼此無交集，或者相見不相守。簡單來說，兩個人的感情狀況都進入冬眠或是彌留，前者還可以等待春曉，後者只能預備送終。畢竟到最後，連吵架或嘲笑都懶，就是冷眼看著對方做著看不順眼或是愚蠢的事情而已。

現在妳考慮的問題有二，首先就是沉沒成本（Sunk Cost）。所謂的沉沒成本，是指過去曾經投資在對方身上的光陰、金錢、情感。有些女人喜歡強調自己「年華老去」，彷彿歲月會放過男人似的。沉沒成本固然可怕，但最可怕的是不知停損，不願意把過去這些爛攤子好好收拾，持續讓這些即將腐爛的過往發餿。

在一起，需要兩個人同意，但分手，只要一個人下定決心就可以。關於情感這種事，妥協不會產生愛情，只會滋生怨恨。

勇敢停損之後，下一個問題就是「自在」。當我們決定要跟別人分手時，總會覺得自己耽誤了別人的時間，甚至會在意對方家人的看法，然而當這些想法困擾自己時，可以嘗試往另一個方向思考，也就是「自私」，或者我們稱之為「自在」。

先問問自己，為什麼不是他耽誤妳的時間，而是妳耽誤他的時間？我是說，如果真有耽誤這種事情的話，究竟是誰耽誤誰？或者說，哪有誰耽誤誰？並不是先說分手的人，就是耽誤對方的人，被分手的人，有時候甚至可能只是沒勇氣說，如此而已，何來的「耽誤」這種事？至於對方的親友怎麼想，更不是我們考慮的重點。分手後，能與他們當朋友就繼續，老死不相往來也是一種方式。世界上的人這麼多，為什麼一定要在意特定人的看法？我們是生活在自己的行為裡，又不是別人的嘴巴中。

這就是所謂的自在，或者是自私。關於愛情，沒什麼大愛可言，只有自己的想法需要重視。當相處愉快，這段感情就值得繼續走下去，但是當感情已經無法再有任何的期待，只剩下名存實亡的關係，那就應該勇敢地面對事實，把已經無力的關係淨化清除。這種自私，無可苛責，而且會讓自己過得更自在。

決定要不要結婚前的10點提醒

有個好朋友即將結婚，但是她突然在登記的前幾天開始猶豫，然後問我該不該結婚。我淡淡地問她，「為什麼？」但是她卻遲遲無法回答。我只好承諾她以後離婚免費，而且保證不協助男方，盡力取得小孩親權和一大筆扶養小孩的費用，順便幫她爭取財產分配，她總算才下定決心跟他結婚。

事實上，多想三分鐘，妳可以不必這麼痛苦，結婚很簡單，但是離婚很困難。有多難？對方願意簽字，就會輕如鴻毛；對方不願意簽字，就會重如泰山。所以，如果出現以下徵兆，請考慮清楚：

1

因為懷孕：拜託！一個沒有愛的雙親家庭，不會比一個有愛的單親家庭要好。婚姻是責任，但是不可以因為責任而進入婚姻。如果想生下來，那就要有獨力扶養的心理準備，不要以為把責任加在對方身上，對方就會一直心甘情願就範。妳用懷孕要他結婚，他就會用外遇跟妳離婚。

2

因為年紀到了：年紀是什麼東西，能吃嗎？把自己定位成有賞味期的產品，然後等著被顧客盤點下架，這是怎麼回事？就算想要小孩，不婚生子也是一種選擇啊！如果年紀到了，剛好身邊的人是誰就跟誰結婚，這幸福的機率，大概就跟中大樂透一樣高。

3

因為寂寞：我知道，當朋友陸續結婚，帶小孩來參加同學會，感覺一定很糟糕。但是因為寂寞而結婚，很快就會發現，明明兩個人卻還是寂寞，比起一個人的寂寞，更令人難過。

4

因為想脫離原生家庭：結婚就可以脫離原生家庭？對於某些人來說，或許就像是白馬王子解救高塔中的公主一樣。但是，進入另一座高塔，真的會比較好嗎？都成年了，如果一個人都沒勇氣離開這個家庭，如何有勇氣進入另一個家庭？而且妳確定，新家比舊家好？

5

因為朋友說他很好：那妳朋友怎麼不跟他結婚？妳覺得很好才是好，朋友覺得他很好，請把她當情敵就好。要跟他一起生活的是妳，不是她。朋友看到的都是他好的一面，聽的都是妳抱怨的那一面，是好是壞都是妳自己承擔，關她什麼事？

6

因為在一起久了：妳跟小學同學也認識很久，要不要也一起結婚？在一起久了，不見得就很瞭解妳。而且在一起久了還不想結婚，妳要不要先想想，彼此之間有沒有什麼問題？他的財務、個性、家庭，妳真的瞭解、真的放心嗎？

7

因為兩個人一起住，生活費比較低：那麼同居就好，再說一次，離婚很麻煩的！

8

因為爸媽要妳結婚：他爸媽要妳結婚，妳要想想他們有什麼陰謀，是不是只想要妳代替媽媽來照顧這個媽寶；妳爸媽要妳結婚，妳也要想想他們為什麼要急著把寶貝推出門，是不是怕妳以後沒有人要？如果是前者，不要這麼折磨自己；如果是後者，不要這麼折磨別人。

9

因為他很有錢：不要跟豪門結婚，妳自己就是豪門。富一代通常很忙，富二代通常錢都還在爸媽手上。婚姻關係中，貧窮不會要人命，背叛才是。婚姻中有錢很好，沒錢自己賺更好。

10

因為報復：為了報復前男友，證明自己有人要，那不是報復他，是報復自己。以後前男友只會笑妳，不會幫妳付離婚的律師費。

事實上，妳只能因為一個原因結婚，那就是愛。妳可以因為愛，而決定承擔責任，但是不要因為種種世俗的原因，而決定結婚。就像網路流傳的那句話：婚前腦袋進多少水，婚後眼睛就流多少淚。

不要相信對方可以給妳幸福，幸福是自己給的，其他任何人都給不起這麼昂貴的東西。

Part 3

圍城

婚姻是座圍城，

在裡面的人想出來，在外面的人想進去。

關於婚姻，說個故事……

通常星期六早上的電話，我是看心情接聽的，因為這時候有很多私事要忙，例如運動，還有日劇。尤其，打來的又是男生。

我對於婚姻中男方的諮詢，真的完全沒有偏見，因為在樣本數這麼少的情況下，大多數人都覺得我是「女性一方的離婚捍衛者」，我都很想模仿「只有大嬸瞭解女人」之類的用語來打廣告了，怎麼會有男生願意跟我聯繫，這肯定是極品靈芝王。

「你哪位？」聽到男生的口氣，立刻變得凶狠。

「你們今天有上班嗎？」

「有啊有啊！什麼事情？」我心裡的ＯＳ就是，不然是答錄機還是ＳＩＲＩ膩？

「我老婆昨天把小孩跟所有的行李打包回娘家了。」他的聲音聽起來非常沮喪，「請問大師，我該怎麼辦？」

看來也是巷內的，他老婆一定有定期察看大嬸的文章。

「沒怎辦啊！」我悠悠地說，「倒是你想怎辦？你還要這段婚姻嗎？」

「我要啊！我很愛她！」男生這時候回復了一點元氣。

「愛她喔！」我的語氣有些遲疑，「你確定？你想挽回？」

「對！」他語氣堅定，「雖然我們是因為懷孕才結婚，但是我真的想要守護這個家。」

「喔！」通常我只有講一個單字「喔」的時候，就是不太以為然。「那我請問你，你有外遇？到底是鹹濕簡訊被抓，還是保險套數量減少？但不是跟她？」

我還真的聽過，太太把先生購買的一盒保險套，每日清點數量，發現逐日減少，但不是跟她，最後在大量照片佐證下，訴請離婚。

「沒有啦！我沒有外遇，也沒有家暴。」他肯定地說。「但是我跟她在這幾天有嚴重的爭執，關於錢。」

「你沒有給她安全感？」我問。

「可能吧！」他說，「因為我最近工作狀況不是很穩定，又跟銀行借錢一百多萬，老婆怕我把家裡的黃金拿去當，說要拿回娘家放。」

「很好啊！那是應該的，不然以後沒錢怎麼辦？我看你啊！你可能就是想把黃金拿去周轉！」我說。

「是有在想啦！所以我跟她說，我媽給我的，她要留下來，不能帶走；她媽給的，就隨便她。」他說，「這樣不是很公平嗎？」

「公平你個鬼啦！她是在為全家的財務著想，希望最後一根稻草不要消失。然後你在那邊公不公平？你是天秤座是吧？還你媽我媽。」

「對啊！所以我這幾天一直跟她溝通，我要她把其他黃金留下來，她可以帶走她自己的。這幾天一直講到半夜，可能我聲音大了一點，她就說我對她家暴，要去聲請保護令。律師，這不會過吧？」

「這當然不會過，可是，你不知道碎念會殺人嗎？你很煩你知道嗎？」我說。

「那我現在該怎麼辦？」男生應該是慌了。

「立刻去娘家道歉。把所有黃金交出來，做好財務規劃，承諾如何還債、如何踏實地穩定工作。」我說，「她如果不能原諒你，你就繼續道歉，拿出你當時追她的誠意來，把你們的未來給她看。」

「先生，你現在已經不是一個人了，你跟她，還有孩子，是一家人，你要想想怎麼給人家安全感，不要任性像個孩子一樣。況且，她不是你媽，沒義務滿足你這個孩子的所有要求。」

他似乎同意了，「那你可以把我們的對話寫成文章，讓我老婆知道我的誠意嗎？她會看你的臉書。」

「我不保證她看完會回家啊！」我說，「她看的，不是我的文章，是你的誠意。」

結婚前的準備：妳的身分、妳的權利與義務

其實現今的婚姻型態中，在結婚時就有白紙黑字的協議書，是相當健康的觀念。

親愛的，妳即將要結婚了。但是妳做好準備了嗎？

我的意思是，從今以後，妳至少會多了三個重要的身分，妻子、媳婦與媽媽。即使妳還是媽媽的女兒，但是這三個多出來的身分，會讓妳開始發現，經營婚姻與經營感情不同，這並不是這麼容易的事情。

妳現在是他的女友，在法律上，妳沒有資格幫他簽名代埋家庭事務、沒有辦法為他決定緊急醫療同意書、如果他過世，不能取得他的任何財產、當妳發生緊急事故，就算他棄妳於不顧，也沒有任何法律上的義務。然而，當妳結婚以後，這些情況都將不同。基於民法的規定，妳會取得配偶的身分，並且因此衍生出許多新的關係、權利與義務，這些問題，妳都已經做好準備了嗎？

妳面臨的第一個問題，就是要不要跟先生一起住在他的家。如果沒有特殊原因，我會希望你們兩人組成一個小家庭就好，不要因為省錢、存錢等等的因素，而住在先生家裡，因為到後來妳會發現，你們所失去的一切，不是用錢可以衡量的。

結婚是一件人生大事，對於女人特別是如此。很大一部分的原因是女人必須遠離自己熟悉的生活圈，「嫁入」另一個陌生的環境中。在這個新環境裡，多了公婆、小姑等等先生原本就熟悉的人，也因此婚姻對於先生的影響或許不大，因為他可以繼續他原本的生活模式，但是卻很容易忘記另一半正在努力熟悉新的家庭生活，公婆、小姑就像是主考官，而這樣的考試卻是永無止境。妳願意讓自己在適應新伴侶的時候，同時適應一堆人嗎？或者，妳認為自己有義務要去適應這些人嗎？如果還沒有信心，在一般的情況下，請先經營好兩人世界，再來談一家子的世界。

第二個問題是家庭支出。**結婚這件事的理由，不應該是因為要逃離原生家庭，或者是想要找個避風港。當兩個人要一起經營家庭，不可避免的問題就是財務支出的分攤問題**。基本上，如果我們認為男主外、女主內的時代已經過去了，兩性平等已經是不可避免的趨勢，我們就必須要嚴肅地面對家庭生活開銷的問題。如果是雙薪家庭，大概就是將家庭可能衍生的費用、貸款、扶養小孩的費用，甚至於孝親費用等，都可以劃分清楚。如果女生為了照顧孩子而放棄工作，在民法上有所謂「自由處分金」的設計，這種設計就是「家務工作有償化」的落實，雙方可以在結婚時先將這部分明文化，以免未來在外工作的那一方，認為自己的另一半是「不事生產的米蟲」。

另外，就是財產制的思考。目前我國民法提供數種不同的財產制度供夫妻選擇，主要常見的選項是「法定財產制」與「分別財產制」。所謂法定財產制，就是在夫妻雙方都不刻意選擇的情況下，法律自動認定的制度，絕大部分的夫妻都是在不知不覺中選擇這一種模式。這種模式將兩人的財產分為婚前與婚後財產，兩人在未來如果離婚，各自婚後財產增長的差額，較多的人要給較少的人一半。另一種制度則是容許兩人的財產都各自管理，離婚時也不需分配。這種制度必須是夫妻主動協議，並且到法院登記才生效力。**在結婚之初，或許我們就必須思考，兩人如果在未來無法繼續下去時，財產究竟應如何分配，以免後來財產分配的議題，成為兩人離婚的絆腳石。**

最後，則是家庭事務的分工。目前雙薪的情況屢見不鮮，因此完全把家庭工作交給女生，已經是不切實際的期待。即便是女生在家處理家務，男生也應該對於家庭生活的分工盡一些心力。因此，在結婚之初，兩人就應該思考未來家庭可能發生的日常事務，究竟應該由誰負責。否則在父權體制下，很容易又會變成「爸爸早起看書報，媽媽早起忙打掃」這樣的生活型態。

其實在現今的婚姻型態中，在結婚時就有白紙黑字的協議書，是相當健康的觀念。然而，在討論結婚協議時，請不要太強人所難。在過去的案例中，曾經就有女生認為男生應該答應她所有的條件，因此要求對方把所有的薪水交出來、全部的家事承攬下來，甚至連做愛幾次、一年出國幾次等等，鉅細靡遺地在協議書上載明。兩人果然在結婚一年內，就宣告婚姻破局。

或許，妳已經結婚；或許，妳即將步入婚姻之中。然而，當我們開始面對婚姻中種種的困難時，我們必須先問問自己，對於諸多可能發生的問題，我們做好準備了嗎？如果還沒，請先跟另一半仔細地討論，未來的婚姻樣貌會是什麼？兩人希望如何的經營家庭？讓自己對於婚姻的惶恐與未知降到最低，應該是避免衝突、創造幸福的美好開始。

明天我要嫁給你啦，最後的標點符號，究竟是問號，還是驚嘆號，就看兩個人在婚姻前的溝通，是不是足夠了。

給全職家務管理者的10點建議

有個女孩，她先生希望她可以當全職的家務管理者，但是她現在的工作環境不錯，所以，婚後到底該不該選擇工作，還是當家務管理者，就成為她很頭痛的問題。但其實我知道，在台灣的社會結構影響下，她其實已經有答案了：

1

關於工作，其實也是關於選擇。選擇就要負責，不要老了再來卸責。妳只需要為自己選擇，不要為夫為子，請妳為自己。

2

現在逼人家結婚，以後人家就會逼妳離婚。千萬不要因為工作累了，想要找個人依賴，所以選擇結婚。也千萬不要因為懷孕，想要找個人負責，所以選擇結婚。

3

全職的家務管理者，工作分量很重，而且沒有升遷，最多是升格為婆婆，那妳要等至少二十年，有二十年才升遷的工作嗎？沒有同儕，大概就是姑嫂，但是華妃不會是好惹的。沒有薪水，他給妳的錢不是薪水，是家裡開銷，而且妳要負責把一萬當三萬用。

4

有些男人即使有外遇也不願意離婚，原因就是他可以花一點點錢，就可以有一個清潔人員、父母的看護工、保母、出氣包、充氣娃娃、接送孩子司機、洗衣店員工。而第三者就負責打扮漂亮地陪他，他幹嘛要離婚？

5

如果選擇擔任家務管理者，最好先寫好婚前協議書，把所有的日常家用開銷、未來的購屋登記所有人談清楚，包括妳自己的零用錢，最好連離婚時的剩餘財產都一併談妥，否則日後「發生事情」時，就會有很多難解的經濟問題。而且，一定要讓他知道，妳不是伸手要錢，而是他本來就該給的。

6

記得每天要把孩子交給先生兩個小時，到巷口的便利商店或是咖啡店，享受自己的個人時間。或者是假日至少要有一天跟朋友出門，到哪兒都好。把小孩與所有家務都交出去，給誰都好，就是要休息。或者，如他所說的，任性。

7

每天都要吸收新知，不要只看大尉，他很帥沒錯，但是妳又不是Beauty，他永遠都不是妳的。妳要想著，有天如果要離婚，妳有多少謀生技能，贍養費是可遇不可求的，不要老是想著跟男人要很多錢。因為，他到時候不一定有錢，有錢也不一定給妳。

8

隨時保持可以離婚，喔，不是，是復職的狀態。要跟以前的同事多保持聯繫，或者是隨時學習新的工作技能。這樣可以讓妳留白的家庭生活填滿，而且有萬一的時候，身上不會只有一萬。

9

伸手要錢很痛苦，所以如果可以，請量力而為地兼差，或者寫在婚前協議書上，以免他說妳是米蟲。不要隨便投資，除非出錢的人同意。更不要沒有經過先生同意，把他賺的錢借給任何人，包括親戚，這不是妳該決定的。

10

習慣依賴別人的人，就得承擔哭泣的風險，請三思。

配偶使用說明書：妻子篇

請記得她曾經是你的最愛。大部分的女人，你給她一分，她會還你十分。

男人們，要結婚前，你可能要先有些心態得調整，如果你不能改變，不要輕易的出來害人，七月半還沒到，不要急著替我增加業績。

1. **她不是你的財產**

她是獨立的個體，不是你的財產。「嫁」進來你家就是你家的人，這種觀念是光緒年間的想法，如果你愛的是你阿嬤，近親繁殖就可以了，不要去害別人。不要一天到晚想要控制她，不讓她回她家、管她跟朋友喝下午茶、不許她去夜唱等等，你媽都沒這麼管你了，你又不是住海邊。

2. **她不是你的工具**

跟她結婚，不是為了要有小孩，而是因為你們彼此相愛。她不是你生小孩的工具，更不是照顧小孩的保母，她是你的配偶。夫妻之間也沒有發生性關係的義務，不要老是說「老婆我要」，她不想跟你做愛，肯定是她有某些想法，你要溝通，不是強迫。

3. **她不是你的寵物**

她不是你家養的靈犬雪莉，你不應該對她召之即來，揮之即去。不要覺得她聽你的話是應該的，這年頭沒有誰應該聽誰的，你不尊重她，她就不會尊重你。要找寵物，到酒店去找，但是她愛的是你的錢，不是你的人。而如果她現在只愛你的錢，大概是你這個人已經壞了，需要好好維修。

4. **她不是你的女傭**

她不是女傭，當然也不是女優。男主外女主內的時代已經過去了，她每天一樣得上班工作，沒道理家務都她做。就算是家庭工作者，她沒有升遷、沒有薪水、沒有假日、沒有朋友，你至少要給她同事吧！誰？孩子沒長大以前是你，孩子長大以後是你們。

5. **她不是你的救生圈**

不要遇到麻煩才想到她。平常把她當空氣，外遇被抓的時候，要她出來支持你。被公司開除的時候，要她去工作。年老生病的時候，要她把屎把尿。沒空照顧爸媽的時候，要她全心侍奉。沒錢付保姆費的時候，要她辭掉工作。奇怪了你，平常你是把她當公主嗎？如果平常不把她當一回事，你的救生圈在肚子，不是她啦！

6. 她不是你的提款機

想到欠錢的時候，才想到她，或是她的娘家。平常給錢給得小氣，現在借錢借得大方。要創業，找岳父；想還債，拿嫁妝；要投資，找老婆。不要想到要錢，才要老婆回家找家人幫忙，就算是提款，也得先要存錢，什麼都沒有，又不累積信用，哪來的自信要人家借錢？

7. 她不是你的垃圾桶

不要把有的沒的怨氣發洩在她身上。夫妻之間要互相體諒，但不能把生活中的不如意都歸咎給她。她可以傾聽你的英雄氣短，但是也請你瞭解她平常的美麗與哀愁。

8. 她不是你的出氣包

不可以動手！絕對不可以！任何情況下，不論她說了什麼讓你生氣的話，你可以傷心、可以氣憤、可以遠離，但是不可以動手。一旦動手，沒有任何藉口，而女人，也不該原諒你，一次都不行。

9. 她不是你的媽媽

不要什麼事情都要求對方幫你看顧，她是你孩子的媽，不是你的。你已經滿二十歲，只有病人才有資格茶來伸手、飯來張口。她跟你媽有爭執，你應該做的事情不是躲得遠遠的，假裝自己很中立，而是要有擔當地像個男人，不是像小孩一樣依偎在媽媽身邊。

10. 她不是你的敵人

如果要離婚，請記得她曾經是你的最愛。大部分的女人，你給她一分，她會還你十分。但是，如果你把她逼到牆角，當然也是如此。

配偶使用說明書：丈夫篇

不要用毀滅男人自尊的方式，希望他更好，他不會因為這樣而更好，只會厭惡妳。

女性同胞們，既然要結婚了，妳選了這麼好的人，那麼就得要好好珍惜。如果他對不起妳，自然有辦法在法律上治他，但是如果妳對不起他，即使來找我，也是會被踢到外太空的。

結婚前，請妳有心理準備，妳不該：

1. **把他當豬**

不要什麼東西都叫他吃，特別是吃不完的東西。他的腰圍就是他的健康，所以除了他自作孽外，請不要把肥肉給他吃、米飯要他吞、炸雞外皮要他忍，他不是豬，不要把妳為了減肥而不吃的食物通通塞給他。

2. **把他當狗**

不要罵他「沒有用的男人」、「錢賺這麼少拿什麼養家」、「廢物」、「腦殘」等等，他或許錢賺得不多，但是男人的價值不在於錢多，而在於他願意把僅有的錢花在家裡。不要用毀滅男人自尊的方式，希望他更好，他不會因為這樣而更好，只會厭惡妳而已。

3. **把他當神**

不要他說什麼都是對的。他有可能，而且極有可能騙妳。即便妳再愛他，也要平等的與他相處，不要用仰慕的眼神看著他，也不要認為他的一切都是最好。人都有缺點，重要的是你們要能包容彼此缺點，一起牽手往前。

4. **把他當信用卡**

不要認為他應該賺錢給妳花，更不要想平白無故地得到什麼。他不是妳的信用卡，愛花多少就簽帳多少。這年頭沒有什麼事情是理所當然的，他願意多花點錢在我們身上，謝謝他；不願意花錢在我們身上，祝福他。伸手拿錢是很痛苦的，能自己賺就自己來，不要讓人家覺得我們是愛花錢的公主。

5. **把他當司機**

如果他願意接送我們，那是我們的運氣；如果他沒有時間，那是我們的福氣。基本上，我們有手有腳，可以自己搭捷運、搭公車、開車，為什麼一定非要男人放下手邊的工作來做這種Uber可以做的事情？

6. **把他當工具**

自己能做的事情就自己來，不需要把男人當工具。縱然他有十八般武藝，也不會是我們的工具。有時候不爭，比起能爭會爭要有福多了。沒有什麼事情是應該的，妳把他當奴隸，他就會把妳當女巫。

7. **把他當死人**

不要外遇！即使這個人很糟，那個人很好，那也是因為那個人不用承擔家庭的責任，或是這個人跟妳缺少溝通。真的不行，那麼就放手讓自己自由，而不是把老公當死人，以為別人都不知道自己在幹嘛。為愛走天涯，男人被稱為風流，但這個社會不是這樣看女人的。

8. **把他當怪人**

「容不容得下是老婆的氣度，能不能讓老婆容得下，是老公的本事。」基本上，他可能有些妳看不慣的嗜好，他喜歡看美女，就讓他看，反正會叫的狗不會咬人。他喜歡網路遊戲，就讓他玩，反正妳也可以看宋仲基。他喜歡模型，就讓他買，反正沒錢他要自己想辦法。妳覺得他很怪，說不定他也覺得我們很詭異。

9. **把他當壞人**

不要一直懷疑他。雖然，在我這裡看到很多爛男人，但那是因為我是律師啊！妳會在醫院看到健康的人躺在病床上嗎？大部分的男人，都有缺點，但並不是壞人。壞男人，交給我；好男人，交給妳，這樣就對了。

10. 把他當王子

不要沉浸在宋仲基、蘇志燮、李敏鎬、金秀賢、金宇彬、李鍾碩、徐道永裡，他們是假的！假的！現實生活裡，妳的老公就是妳的太陽。我們可以幻想，但不要沉迷；可以想像，但不要陶醉。這是生活，不是戲劇。妳們只要有愛，他就是妳的王子麵。

啊！但是妳首先還是得先找到這個人！不然我上面說的，妳還是全忘記好了。

聘金難買真情意

鼓勵兩個孩子，好好過生活，不就是最大的祝福嗎？

有個案件，從基本判斷來看，離婚、子女親權、扶養費大概問題都不大，這個女孩兒自己處理應該都會贏。然而，最後一個問題讓我覺得很難回答：「這個男人跟我爸借的聘金，當時有簽借據，能不能要回來？」

什麼？聘金？現在是光緒年間嗎？還在談聘金的問題？而且是女婿跟岳

父借聘金，讓我腦海裡瞬間出現這幾句歌詞：「風吹來的砂，冥冥在哭泣，難道早就預言了分離。」借聘金，妳覺得老公當下怎麼想？

聘金，這種十九世紀以前的東西，根本不應該存在，這會讓我直接聯想到賣女兒。這觀念彷彿是：「女兒養這麼大，就嫁到你們家為奴，拿點錢補貼有什麼不對的？」就是這種觀念，才有聘金的存在，不是嗎？現在聘金不過就是幾十萬，然後讓夫家一輩子說嘴，這樣值得嗎？夫家給聘金，娘家給嫁妝，這叫做交易。夫家給聘金，娘家什麼都不給，這叫做賣女兒。

婚姻當中，有很多的問題都是來自於父母對於兒女的控制欲，讓兒女受不了。聘金就是其中一個例子，基本上，這個年代到底要聘金的原因在哪裡，我一點也無法理解，而女兒對於父母要聘金，只能要老公忍耐，去銀行借一筆錢給自己的爸媽，更覺得莫名其妙。妳是不會反抗嗎？直接跟老爸老媽說，要錢沒有，要命一條，要聘金我就把你們的孫子丟到太平洋（大誤），這麼簡單的事情也不敢做，妳還是不是女兒啊？

要不要給嫁妝，我一點意見也沒有。「雙方」的父母為了孩子好過一些，送房子、車子、金子、銀子，都是好事。但是我對於名詞非常有意見，為什麼要叫做「嫁妝」？擺明就是女方給男方的禮物。然而，如果真的要附上這種「禮物」，順便丫鬟送上四個，命名為春花夏月秋菊冬霜，老公可能還開心一點。

關於聘金這種東西，基本上就是傳統賣女兒的陋習。如果真的要讓女兒過得自在，麻煩不要再討論聘金，況且這些錢都是父母收走，就像是過年的紅包一樣，無法進到孩子手上，還會跟妳囉嗦過去父母為了養這個孩子，付了多少錢出去。鼓勵兩個孩子，好好過生活，不就是最大的祝福嗎？收了這麼點錢，是會比較好過嗎？

有些問題，其實都會讓我翻白眼翻到印度洋的，例如老公在家帶小孩，都不去工作，我想要跟他離婚。或者老公本來就應該養我，我不用工作是應該的。諸如此類的問題，都會讓我以為妳是十九世紀的穿越人。所以，有時候要更新自己腦袋裡的軟體，我可不是無條件接受諮詢的，要問可愛的問題，就要有承擔被我碎念的勇氣。

聘金這種事，不用十點，簡單兩個字，「不收」就是。幾十萬，讓自己變成賣女兒的貪婪家長，讓女兒變成夫家用錢買來的工具。就算沒這個意思，卻也落人口實，何必呢？

女孩兒，真正的嫁妝，是妳的親人、好朋友與閨密。而真正的聘金，是他對於妳的情意，永不改變的心意。

愛情條約之一：婚前協議書應記載事項

婚前協議，是增加婚姻健康的一種制度，開誠布公的講，總比悶在心裡好。

曾經有人問我，婚前協議書究竟要寫什麼？我想，問題應該先是：該不該、能不能寫，而不是要寫什麼。依台灣人害羞內向的個性，寫婚前協議書？那不就是擺明不信任對方？婚姻的基礎是信任，既然不信任，那麼也就不要結婚了，幹嘛還寫協議書？

是的，協議書的第一個重點是：開口，這也是最難的一部分。然而，為了避免律師與法院的業務繼續增加，我還是建議可以試試看，在結婚前，跟對方討論婚後的生活，而且在婚姻關係中定期修改，應該可以幫助維持兩人關係的恆溫。至少，在離婚時，雙方的狀況可以減輕律師或法院許多不必要的負擔。

結婚，充滿了感性，但是婚姻，可是充滿了實際。而沒有實際，只剩下感性，大概離婚之路也就不遠了。

請深呼吸，準備跟你的男友、女友、老公、老婆理性地討論這些切身的問題。

一、婚後的財產應該如何分配？

現行的夫妻財產制，如果沒有書面約定，就是法定財產制。如果是法定財產制，大概就是離婚時「多的一方要給少的一方」兩者財產增加差額的一半。舉例來說，結婚時先生是零，太太是一百萬。離婚時先生是一百萬，太太還是一百萬，那麼先生要給太太五十萬。為什麼？因為太太增加零，先生增加一百萬。

另外有兩種比較通俗的選擇方式供大家參考，第一種是分別財產制，也就是兩個人的財產從結婚到離婚，都各管各的，誰也不分誰；第二種是共同財產制，也就是兩個人的財產都共同持有、共同管理，但是離婚時各自取回原本的財產，而多出來的部分平分。例如結婚時先生是一百萬，太太是五十萬，婚後增加兩百萬，那就是總額三百五十萬裡的一百萬與五十萬各自取回，然後再各自平分一百萬。另外還有一種所得共同財產制，太少人採用，也就不介紹了。

總之，先決定自己要哪一種財產制，如果認為對方往後不會有錢，或是不在乎對方往後有沒有錢，那就選擇分別財產制；如果認為對方往後會很有錢，也比自己會賺錢，可以選擇法定財產制或是共同財產制；如果認為對方現在很有錢，以後會更有錢，請選擇共同財產制。

不過，請在與對方一起選完以後，到法院登記才生效力。

二、婚後的家庭生活費用如何分攤？家庭工作也可以一起規範

家裡的重要開銷，例如貸款、房租，由誰支付？小孩的學雜費與安親班費用誰支付？保母費誰付？出國旅遊費用誰付？家裡孝親費要怎麼給？這時候建議開誠布公地把話講清楚，以免以後爭議太多，變成離婚的導火線。至於家庭的日常工作也可以在協議書中分配，例如誰擦地板、誰倒垃圾、如何教養孩子，請一併講好。

請注意，量力而為，不要在那邊為了求婚什麼都好、什麼都胡說八道。我曾經看過一個男人薪水只有五萬，結果答應太太每個月給家庭生活費用四萬，外加貸款兩萬，結果第一個月付完以後就GG透支了，太太於是吵著要跟他離婚，因為他不守信用。

話又說回來，太太明知這個先生付不起，還要求他簽字，這跟九二共識有什麼不一樣呢？

三、有沒有自由處分金？

自由處分金，白話文叫做給另一半的私房錢。夫妻如有一方在家照顧孩

子，沒去外面工作，民法規定，在家的那一個人可以請求外出工作的另一半給零用錢，這部分也可以在婚前協議書內，先行寫好。

然而，還是建議要量力而為，不要為了結婚，什麼鬼話都敢扯，這樣可是會很快就要來找我。

四、小孩要跟誰姓？

是的，民法並沒有規定小孩一定要跟父親姓，而是由雙方書面約定。所以請在婚前協議中，一併提出小孩的姓氏跟誰一樣。免得日後老婆懷孕，在生下來的那一剎那，才突然跟先生說，小孩要跟媽媽姓。兩個人意見如果不一致，可是要抽籤決定。這時候，抽籤事小，但是夫妻感情肯定會有陰影。

五、特約條款

特約條款中，可以約定多久出國玩一次、每年買幾個香奈兒給太太、家裡的大事由先生決定、小事由太太決定，然而是大事或小事由太太決定等等福利事項。不過，不要約定「太奇怪」的事項，免得違反公序良俗而無效，要聽例子嗎？

例如：婚後兩年內不生小孩就離婚、做愛時一定要cosplay、每天要做愛三次不然就罰錢、每週不能做愛超過一次不然就給錢、外遇就把小頭砍掉之類的。

但是可以約定一些懲罰條款，例如外遇（請嚴格定義清楚，什麼叫做外遇）就要給付對方多少錢、日後如果離婚有沒有贍養費、什麼情況會有贍養費、贍養費有多少？小孩監護權如果離婚的話原則上給誰、小孩扶養費一個月多少等等，這都是可以約定的。

總之，婚前協議，是增加婚姻健康的一種制度，開誠布公地講，總比悶在心裡好多了。但是請記得，法律沒辦法真的規範所有的事項與人性，當作兩個人的甜蜜約束無妨，但如果以防賊的心態對待這段婚姻，大概來找我的機會也就大了。

最後請記得結婚前的甜蜜，不要輕易地外遇與離婚。當要丟棄這段感情之前，請回想當時怎麼把人家騙到手的。不過，真的不行，就分吧，也不要浪費彼此的青春了。

愛情條約之二：婚前協議書的失敗範例

這種所謂的愛情條約，如果不是奠基在平等原則上，根本就只是在墳墓前燒金紙。

婚姻，是兩個人的事，但是有許多人喜歡把這件事變成是兩個家族的事。尤其是男方與女方的家長都喜歡介入的時候，結婚就會從確定的事，變成如果的事，甚至是否定的事。

在ＰＴＴ的男女版上，出現了一份以結婚為前提的合約，合約大致的內容如下：

1. 女方父母會轉移一間房子到女方名下，但男方須出資裝潢後作為新居：聘金比照北部行情：大聘一百萬、小聘三十六萬。女方會購買家電、床鋪作為嫁妝。

2. 婚後男方要負責所有的家庭食衣住行育樂，以及未來的子女教育、月子中心、婚禮、蜜月、婚紗照，也是男方的責任，如果未來想買房、買車，貸款也要男方全額負責。

3. 女方婚後要繼續工作與進修（是公務人員），女方收入全部作為自己的私房錢與女方孝親費。因為兩人都有工作，所以婚後女生不做家事、不煮飯、不餵母奶，請假照顧小孩時，需要給女生最低工資的零用金。

4. 為了保護女方，避免男方外遇，婚前協議須加入如發生外遇，男方須放棄小孩扶養權，且轉移名下不動產作為贍養費。

本婚前協議一共四條，真是嚇死寶寶了。第一條，主要講兩件事，聘金跟房子。這一條其實沒太大必要性，因為房子如果是男方父母贈與給兒子，未來即便離婚，女方也無法取得一半。至於聘金，大聘一般而言都會退回，只是做面子而已，小聘通常會被女方沒收，不過女方既然要提供家具，說不定價值超過三十六萬，那也就算了。

不過，我覺得女方父母很扯，愛女心切也不是這樣的。人家不會記得你的嫁妝，只會記得你的聘金。人家不會記得房子是給兒子，但是會記得你女兒貪財。

第二條，就是結婚的所有花費、婚後的所有開銷，通通都由男方支出。簡單來說，男方就是賺錢的工具人。然而，憑什麼男人要承擔這個家庭的所有開銷？家庭不就是雙方依照彼此的所得能力，共同支應嗎？

女方家長如果想把女兒當陸小曼，以後女婿就會變身成為徐志摩。「悄悄的我走了，正如我悄悄的來，我輕輕的揮手，不帶走一片錢財。」

第三條，女方所賺的錢都是女方的，家事完全不用做，如果請假照顧小孩，要給最低工資。這個條件如果翻譯成白話文，就是「順手捐鈔票，救救我女兒」的概念。在這個家裡，女王什麼都不用做，男人必須得請管家，或是自己來。

第四條，男方外遇的時候，必須割地賠款，放棄小孩親權，並且給女方房子作為贍養費。這位家長，外出行走，法律要懂。親權事先約定是沒用的，不是個好老公，不見得不是個好父親。就算這位男生事先放棄親權，如果女生往後跟孩子不親近，法官一樣可以把親權給男生。至於贍養費，這是給女方，不是給小孩的。小孩的費用叫做「扶養費」，婚姻的遺散費才叫做「贍養費」。這種東西固然可以事先約定，但是要拿得到這東西，在民法的規範上很嚴格，必須是女生無工作能力，而且離婚時無過失，才可以請求。即便簽署這種東西，你覺得無情的女婿，以後不會在法院抗辯？

約定贍養費？你是在暗示你女兒以後會變成植物人嗎？

這種所謂的愛情條約，如果不是奠基在平等原則上，根本就只是在墳墓前燒金紙而已。**我們已經不是活在光緒年間了，如果希望婚姻幸福，偏頗的婚前協議書，不過是一只催命符。**

婚姻，從來就是兩個人的事，請不要當作兩個家族的事，這年頭不流行羅密歐與茱莉葉這種悲劇了。卡帕萊特家族與蒙特鳩家族請速速退散，放過這兩位戀人一馬吧。

婆家不是妻家
男人請有當好夾心餅乾的準備

在婚姻狀態中，配偶是唯一要適應的對象，以後會加上孩子，但是，不應該包括適應公婆與小姑。

許多男人遇到的困擾，大概就是如何調適婆婆與老婆之間的關係。特別是當老婆與自己住在父母家，而父母對於老婆不滿的時候，就會左右為難、瞻前顧後，就像是古老的笑話一樣：「媽媽與老婆落海，你應該要先救誰？」而就算不談這麼嚴肅的問題，媽媽與老婆，男人確實也經常希望老婆可以忍耐，盡量去「適應」老人家的想法。

我的第一個疑問當然是，到底要老婆適應什麼？男人有沒有回娘家的經驗？如果天天都回娘家，即使老丈人天天邀女婿打麻將、丈母娘天天幫女婿按摩，我就不相信這男人不會在幾天後大嘆，金窩銀窩不如自己的狗窩，至少還可以穿著內褲蹺著二郎腿喝啤酒看騎士獵殺勇士。

在婚姻狀態中，配偶是唯一要適應的對象，以後會加上孩子，但是，不應該包括適應公婆與小姑。而只要是與公婆住，就是住在「別人家」裡，這永遠是事實，不要再相信沒有根據的說法了，如果老公認為老婆「嫁到」家裡以後，「夫家就是她家」，那麼寧願相信「全家就是你家」。

我可以念一段某些人的內心戲給大家聽：

「每天都不用工作閒閒在家裡只要顧孩子追韓劇滑手機聊八卦我每天可是要卑賤地應付課長經理與副總賺取微薄的薪水來供妳跟孩子的生活妳到底對婚姻生活貢獻多少我媽不過念妳幾句是不會主動一點噓寒問暖煮菜洗碗洗衣掃地是不是妳為什麼每隔幾週就要回娘家是有沒有把我家放在眼裡到底有沒有藏私房錢帶回娘家裡為什麼明明在家打混我晚上跟妳要妳就不給是不是

要我去外遇妳才高興隔壁的小妹跟我拋媚眼我都還沒跟她約妳這個黃臉婆是在嘰歪什麼」

說真的，如果真的要建議媳婦如何跟婆婆相處，唯一的建議大概就是，選對兒子講清楚而已。在上床前，請做好安全措施。如果不慎懷孕，請不要為了孩子而結婚；如果真的要結婚，就請決定夫妻倆一起自力更生。在結婚前，先跟未來的老公說清楚，究竟要不要跟公婆一起住，這是可以自由選擇的，就像是要不要邀請老公跟岳父岳母一起住一樣的自然。如果未來的老公不願意住自己家裡，那麼請他有點同理心，可否搬出來外面，在兩人的工作地點、兩人的原生家庭間，找一個折衷點，共同住在一起。

「啊！那我爸媽要誰來照顧？」如果他這麼說。

這時候妳應該要含著眼淚帶著微笑對他說，「那你想把我爸媽丟去老人院嗎？」

婚姻之所以是兩個家族的事情，就是因為自己把家族帶進婚姻中。蒙特鳩家族與卡帕萊特家族的恩怨，又不是羅密歐與茱麗葉造成的，他們幹嘛成為家族的祭品？**婚姻，本來就只是兩個人應該好好經營的事情，而不是兩個**

家族的恩怨情仇。所以，我只想跟妳說，請在結婚前知道未來可能的處境，想清楚以後，認為自己可以適應這個家族再進門。如果老公堅持一定要與父母同住，但是自己很排斥，那就請勇敢地說出口，而且考慮看看要不要繼續這段感情，否則最終還是要來找我。如果已經結婚，而且住在老公家裡，那麼請鼓勵妳的男人自立，再怎麼爛的狗窩，都是你們兩個人的。如果他不願意搬出去，那麼就勉勵妳的男人當好夾心餅乾，在兩個女人中間扮演有擔當的角色。

但是，請自己也要當個負責任的女人，對自己的生活負責、對自己的財務負責、對自己的孩子負責，不要什麼事情都想推給別人。如果是如此，那麼公主永遠只能是公主，沒辦法當女王。

如果他就是媽寶，那麼請深呼吸，勇敢地分手。懂得欣賞妳的男人，天底下多得是，更何況愛情本來就不是人生的全部。

家庭支出的分擔

家庭生活費用是一件現實的問題，如果不能一肩承擔，就要事先講好分攤比例。

在談家庭支出之前，我們先來看一個故事。

這個人看起來不像是一個孩子的家庭主婦，每天忙碌於柴米油鹽，倒像是一個精明幹練的公司高層主管，一分鐘幾百萬上下。

「我的育嬰假已經要結束了，但是婚姻應該也是。」她說。

「為什麼？」我對於她的理由很好奇。

「我跟我先生已經分居快一年，小孩出生以後沒多久，我就搬回娘家住。」她說。

「為什麼？」我又問。

「因為他從我懷孕以後，就幾乎沒給過家庭生活費用，都是靠我自己的積蓄。」她拿出一連串的帳單與收據，「這些，全部都是我自己付的錢。」

我看著厚厚的一疊帳單，深呼吸一口氣，「為什麼？」

「他說他沒錢，每個月只能給我五千元，可是他一個月賺的錢大概有六萬多元。我問他錢用去哪裡了？他說，做業務的，把錢用在客戶身上，也是很合理的。打高爾夫球、酒店，這些所謂的應酬開銷，他為了拉攏客戶，就優先處理，為了他的升遷，我跟孩子要忍耐。」

我總算不問為什麼了，「拉攏客戶不是用產品，而是用酒店，這種公司能開得久，我也是第一次聽到過。這根本就是藉口！」
她聽我附和她，大概覺得兩個人同仇敵愾，「對！為了孩子，我可以忍。但是，他竟然被我發現，他跑去香港玩，我不能忍！」
「怎麼了？」我問。
「他在我離家前的一個月，跟我說要去中國出差，後來我問他同事才知道，原本出差只有三天，他跟我說五天，順便到香港玩了兩天。」
「有跟誰嗎？」這件事情似乎要從金錢問題變成外遇疑雲。
「沒。這我確定。」她說，「有沒有召妓我不知道，但是沒人跟他同行。」
我鬆了一口氣，「那不過就是想一個人去放鬆一下，別太介意。」
「放鬆?!」她很怒。「懷孕是很可憐的一件事情，他到底是要放鬆個什麼鬼？我才應該要放鬆一下吧？而且，我後來發現一件更可怕的事情，如果六點下班，他會把車停在地下室，然後一個人在外面的咖啡店喝咖啡，到了十點才回家。」
「為什麼？」我又問了。

「有天我姊在咖啡店看到他，打電話給我說他一個人在那裡發呆。我發現他車子早就開回來家裡，我問他為什麼，他竟然說，因為回到家很累，怕小孩吵他。」她覺得不可思議。

「好吧！」我嘆口氣，「看來沒救了，可是，就離婚的事由來說，不是相當充分，妳要不要問問他，願不願意跟妳談談離婚條件？」

「為什麼？」這次換她問我。「不是說分居就可以離婚嗎？」

「最好這麼簡單。」我沒好氣地說，因為太多人問這個問題，「分居，是妳主動搬離家所造成的，看起來是妳不願意溝通，實務上不會這麼輕易地把分居當作正當的離婚事由。其他部分，他沒外遇、沒家暴，金錢上的觀念不合，法院會希望你們多談談，沒這麼容易就會判決離婚的。」

「好吧。」她很無奈，「那我先找他談談。」

三天後，我又接到她的電話，她很興奮地跟我說，「律師，我先生希望跟你談。他說他有追蹤你的臉書，他希望你可以聽聽他的意見。」

見鬼了！最好是夫妻不約而同一起看我的臉書，遇到問題就由我來一肩扛起。

「好。」我雖然無奈，但還是說，「妳請他來找我。」

她的先生看起來很樸實，並不如我想像的那麼奢華款。

「律師，我真的覺得壓力很大。」他愁眉苦臉。「我們認識幾個月，就因為她懷孕而結婚，我根本沒做好心理準備。」

「然後呢？」我挑起眉頭，冷冷地說，「所以你老婆該死？」

「不是，我沒想到養個孩子要這麼貴。」他說，「我以為奶粉、尿布，根本沒多少錢，為什麼一個月五千元不夠？」

「是男人乾脆點！」我說，「你用你不到十分之一的所得，就想要養一個小孩，你覺得會不會太誇張？」

「可是，我覺得她也要負責任不是嗎？」他說，「現在男女平等，為什麼都要男人付錢？」

「你既然常看我臉書，怎麼不知道我談的是實質上的平等？」

「什麼叫做『實質上的平等』？」

「意思是說，我在乎的是真正的合理平等。你不能從男女平等的角度來看這個問題，你一個月的薪水是你老婆的兩倍多，她還在請育嬰假，你是不是應該要平等地主動把所有費用承擔下來？」
「平等的怎麼會是所有的？」他很不解。
「平等的，是考量所有的婚姻狀態，所有的，是講錢」，我說，「很多時候，所有的就是平等的。」
他應該還是聽不懂，「可是我覺得我壓力很大。」
「你覺得壓力很大的部分來自於錢嗎？」我問，「說實在話，不過就是不愛而已，不是嗎？如果你真的愛她跟孩子，你不會在乎錢。」
「扣除掉業務的開銷，我真的很緊。」他跟我哀求，「你不能跟我老婆說說，請她考慮一下我的狀況嗎？」
「你還是不懂。」我很無奈，「問題永遠不是錢，問題也都是錢。當她知道，你並沒有認真思考這段婚姻的時候，那就只剩下錢。」
「你不能幫我跟她說說看嗎？」他又問了一次。
「我跟你說，你就等著她對你提告離婚好了。」我站起身來，「離婚前的家庭生活費用，她代墊的部分會一次跟你請求；另外孩子的扶養費，如果讓法院判決，你將來所要負擔的費用，會根據你們的總財產計算，最後會遠遠超過現在你太太希望你付出的數字。」

他低頭不語。

看完這個故事，你有什麼感想？

有人說婚姻中會吵架，百分之八十是因為錢！不論這個比例是否為真，夫妻間確實都會面臨如何分攤家庭支出的難題，此時究竟怎麼做最好、最公平？家用究竟該由誰負擔？本來就應找出最合適的家用分配模式，不論是採取資產共同持有，或是讓資產透明化，只要基礎是互相信任，夫妻就不至於為錢翻臉。

所以，即便已經懷孕，也不一定要結婚。因為懷孕而結婚，在根本就不認識這個人的情況下，婚後的認識過程，會讓人覺得痛不欲生。這時候會突然發現，這個人連生小孩的止痛針，都在跟妳討價還價，更別說坐月子根本就是妳媽在幫忙，他就是偶爾玩一下小孩以後，迅速地逃離現場。

關於家庭生活開銷，其實真正重要的是態度。配偶的一方，究竟是盡了全力在付出，還是不盡義務在逃避，其實，另一半都很清楚。而且，一開始是錢的事，後來，往往就變成錢無法解決的事。

關於家庭開銷分配的10點建議

1

現在的社會，許多男生還是很難心平氣和看待女生收入比自己高的事實，這真的需要溝通。

2

家庭生活費用是一件現實的問題，如果不能一肩承擔，就要事先講好分攤比例，特別是大筆的費用，婚前協議是個很好的方式。原則上，家庭總開銷的分攤，是按照兩個人的所得比例來分配的。

3

家裡的東西，如果是自己決定要買，那就自己負責。不然就像是「結婚一週年紀念，老公自己決定要去吃熟成牛排，事後要老婆分攤一半，或者一直抱怨花了五分之一的月薪」。

4

人已經跟對方在一起了，就不要太在乎錢，但還是要有停損點，至少不應該負債去養對方。

5. 「隨便」很討厭，不要講隨便，因為講隨便的人通常意見最多。

6. 「看你的誠意」也很討厭，因為大部分時候，誠意就是錢。對於沒錢的人來說，誠意就是最給不出來的東西。

7. 還是那句老話，決定要生下這個孩子之前，一定要有「就算沒有另一半付錢，我也可以獨自養大的決心」，孩子是無辜的。

8. 如果家庭生活支出分攤，只是「感覺不好」的問題，那就放下吧！這世界上讓你感覺不好的事情已經夠多了，錢能解決的事，都是小事。而錢不能解決的事，反正也沒錢，那就更是小事。

9. 感情是不能測試的，你看過有人測試雞蛋摔在地上會不會破嗎？

10. 不要因為懷孕、年紀到了、交往久了，然後就結婚，或者逼婚。逼婚，以後就會有人逼你離婚。

照顧孩子不只是母親的責任

母愛與父愛一樣，都不是天生的，而且，半點都勉強不來。

妳問我，有沒有天生的母愛？我肯定的告訴妳，沒有天生的愛，不論是母愛、父愛，或者是男女之間的愛情。轉角遇到愛，是運氣好，不代表每個人必然如此。

你們打算在明年結婚。妳對婚姻既不嚮往也不排斥，但事實上卻對自己的終身大事不太熱衷。一旦想到結婚就想深呼吸，頭皮發麻，但是妳愛他。

妳只是不甘心就這樣踏入婚姻，主要是害怕結婚後牽絆多了。若是生了孩子的話也恐怕不能全心在事業上繼續衝刺。妳現在還不想要有孩子，但是他想要。妳知道孩子不是想生就一定會有，但如果現在不結婚，可能就會真的就錯過了黃金生育期。可是，妳不確定妳會不會愛那個新生命。

然後，他問妳，妳怎麼會不愛小孩？其實，妳可以這麼回答他：

1. 因為一旦孩子出生，我就被賦予一個母親的神聖角色，不能走下神壇。我不再是自己，你的眼裡，只看到孩子的媽。
2. 因為所有的照顧責任，你們都會交給我，不做就是壞媽媽。
3. 因為大部分的爸爸，只會出一張嘴，孩子教不好，是媽媽的責任，孩子很聰明，一定是像爸爸。
4. 因為我不擅長當媽媽照顧別人，但是你們會強迫我適應這個角色。當我拒絕，就是無情。
5. 因為我被認定為不該有夢想，為了孩子，什麼都應該犧牲。
6. 因為我討厭孩子吵鬧，但是你不會一起安撫與教育。

7. 因為你認為，母愛是天生的。

8. 因為你希望他未來是博士、醫師、律師，但其實我只希望他健康又快樂。

9. 因為有個男人在二十九歲的時候，與五十三歲的高中老師結婚。十年後，這個男人成為法國總統。他們沒有小孩，結婚是為了愛。

10. 因為，我其實不愛小孩。而你，否認這件事。

親愛的，妳可以這麼跟他說，孩子是生命，妳不可能操控他。他會尖叫、會亂跑、會把妳原本的生活秩序弄得一團糟。妳的家裡再也沒有貝多芬的《月光奏鳴曲》，會只剩下巧虎與佩佩豬。當他是嬰兒，餵母乳最怕遇到乳腺炎；當他開始長牙齒，會用力咬妳的小指頭。這愛、這生活，亂得很實際，一點也不浪漫。

沒有人天生就得愛孩子。本來有些人，對於孩子就是束手無策。大部分的華人，就是唱著「世上只有媽媽好，有媽的孩子像個寶」，他們會要求母親的角色是天職與本分。然而，父親的角色卻經常在抱怨中出現，在忙碌中缺席。如果妳想要有孩子，就應該認真地跟那個男人討論，以後如何分工照顧。如果妳愛上了這個孩子，祝福妳。但是母愛不用獨占，妳也不需要因為沒有愛，而感到不好意思。照顧孩子，不應該只是母親的「本分」而已。

母愛與父愛一樣，都不是天生的，而且，半點勉強不來。這位姊妹，妳的無能為力，一點也不丟臉，畢竟生活是妳在過，丟臉的，是只會出一張嘴的人。

個性不合不是離婚理由

婚姻不是對錯，而是有沒有學著去體諒對方的缺點僅此而已。

經常會有人問我，跟先生個性不合，究竟可不可以作為離婚的理由？坦白說，就跟結婚是由點滴的感動累積，才會有決定一樣，離婚中的大事，都是小事累積起來的。只是，這些小事，或者我們所謂的「個性不合」，在法院裡，其實非常難舉證，也很難當作理由。

舉例來說，夫妻之間經常吵架與打架，難道都是男人的錯？吵架，兩個人都會有錯，一個人講話挑釁，另一個人講話當然也不會好聽，妳覺得受不了，男人難道就很喜歡跟妳吵架嗎？所以，當一個慈母問，離婚後孩子的監護權會不會是她的？會！當然會是她的，問題是兩個人根本在法律上無理由主張離婚，因此監護權是誰的，根本沒有意義。只要另一半不同意，法院不會想介入你們的婚姻大小事，牙刷怎麼擺，確實是離婚的導火線，但是，憑什麼要按照女人的方式擺？因為人家是女生？

就司法實務來看，家事法院就是只能處理「明顯有錯」的離婚事件。所謂的明顯有錯，就是任何公平的第三人來看這段婚姻的破裂原因，都可以很清楚地一望即知，確定是誰有錯。兩個人的婚姻，充滿爭吵，是誰的錯？對方的媽有錯、對方有錯、對方的家庭有錯，但是提出離婚的人完全沒錯？婚姻不是對錯，而是有沒有學著去體諒對方的缺點而已。關於這段婚姻破裂的原因，妳沒有任何證據證明他有問題，妳是要法院如何幫妳？

是的，生活中原本就充滿很多無奈。他是大男人，講話不客氣；婆婆做人很機車，會管很多；小姑很挑剔，對大嫂非常不友善，當然都有法律途徑可以主張。不過我們必須瞭解，這人是自己選的，當時愛得死去活來一定要結婚的是自己，現在恨得昏天暗地一定要離婚的也是自己，難道自己一點代價也不用付？解除契約都還得要付違約金，想離婚，要付出什麼？

選錯了？對啊！大家知道選錯了。可是當兩個人現在有孩子，自己都知道在孩子面前吵架與打架不好，兩個人還是做了。自己知道孩子很可憐，但兩個人還是一直用最殘酷的方式在孩子面前傷害對方。孩子即便可以證明兩個人常常吵架，個性不合，但是要法院如何幫忙？難道要傳孩子來法庭作證？讓一個三歲的孩子去法庭跟法官說，我希望爸媽離婚？是不是要想清楚點會比較好？

在A-Lin的歌曲裡有一段歌詞，「黑暗中沉睡著是你的輪廓，卻碰不到你的靈魂。這一張小小的雙人床讓我迷路了。」

一個人之所以會迷路，有時候是因為沒有站在對方的立場想。要不要想想，如果對方用「妳對他的方式」對自己，會怎麼想？**自己可不可以口氣先放軟，嘗試去理解對方在想什麼？如果這樣真的還不行，那雙方就暫時分開冷靜一下吧！**分居，向來是冷卻兩人爭執的好方式。當有一方真的無法忍受對方的個性，甚至因此而必須去看精神科（真的有很多人這麼做），可見兩個人的關係已經到了非常緊繃的地步，那麼分居或許是更好的選擇，至少先保護好自己的身體與心靈，不至於保護不了自己。如果已經到了有精神上的疾病，卻還無法離婚，並不是因為法院的錯，而是真的太難舉證，然而當分居以後，兩個人或許可以在某種平衡上，繼續共同生活下去，或是在一段時間後，兩個人正式走向離婚的道路。

有些事情，法院真的很難介入，畢竟婚姻是自己選的、孩子是自己生的、人生是自己決定的，然而關於離婚，卻不想跟對方溝通，只是要法院在沒有證據下做決定，真的是件困難的事情。

真單親、假雙親的悲慘故事

這種類似單親的生活，已經有人稱這種現象叫做「假性單親」。明明就是沒離婚，卻搞得跟離婚一樣。

有個朋友在一家大型公司當法務長，「很不幸」的，這家公司的總部在台北。所謂的「很不幸」，是因為她的老公在台中工作，所以老公大概就是兩週回來一次，回家以後就是偶爾陪小孩玩、經常的睡覺與打電動。

對，就只有這三項「工作」，玩小孩、睡覺、電動，其他的事情，他一概不管。而且玩小孩，真的就只是玩，因為他不會換尿布、不懂孩子為什麼哭，只要孩子哭鬧，他就會不耐煩地叫孩子閉嘴，不然就是直接交給媽媽。他只會玩，偶爾、短暫地玩。

這個朋友前幾天認真地問我，她想離婚。因為，有他沒他都一樣，孩子莫名長大以後，他會說都是他教得好。重點是，以後如果他在台中把錢花光，要談離婚的時候，還得把自己辛苦攢下來的錢分給他一半。

「這有天理嗎？踢公背啊！」她問我。

沒天理啊！但不是他的行為很沒天理，而是妳這麼縱容他，真的是很沒天理。

這還是遠距離的非自願分居（或許是自願的，這我們不得而知，有些人在婚姻中，分開了就是比住一起好），但是每天下班回家以後自願當植物人的老公，卻更令人生氣。如果真的縱容這樣的情況惡化，那已經不是生氣，而是令人髮指了。

為什麼照顧孩子是媽媽的責任？整理家務是老婆的責任？媽媽就是早起忙打掃，爸爸就是早起看書報？

這種類似單親的生活，已經有人稱這種現象叫做「假性單親」。明明就是沒離婚，卻搞得跟離婚一樣，他回家像度假，妳在家像事假。基本上，男人如果有下列這幾種心態或現象，大概婚姻很快就會請喪假：

1. **認為老婆在家裡每天就沒事幹**

相信我，跟男人的工作相比，家務管理者是全世界金錢報酬最低（沒薪水可領，只領到不知道是否存在的愛）、最沒升遷管道（頂多就是升為母親或婆婆）、最單調瑣碎（每天重複類似的事務）的一份工作，不然家裡的衣服會自動摺好等人穿、廁所會自動乾淨等人用嗎？

2. **認為一個月一萬元可以養活全家人**

明明薪水多老婆一倍，家庭開銷卻只願意平均分攤。去酒店去小賭，揮金如土，負擔家裡開銷，小氣如鬼。有付錢就說老婆計較，沒付錢就說夫妻一體。

請不要給一萬元就覺得功勞大上天，就算從中位數來看，台北市每人平均月開銷也得要兩萬七千元。

3. **一年之內，買菜、煮飯、洗碗的次數各少於一百五十次**

這代表，一年三百六十五次的這些家務事，對方根本連一半都沒做到。如果兩個人都在工作，憑什麼家務事只要女人做，男人都不用做？

4. **一年之內，衣服很少自己洗過、晾過、摺過**

洗衣機怎麼用，這個男人知道嗎？喔，對不起，說不定男人根本不知道洗衣機擺在哪裡。

5. **不進廚房、不清廁所、不掃客廳**

廚房沒進過，因為君子遠庖廚。廁所沒清過，因為如入鮑魚之肆，久而不聞其臭。客廳沒打掃過，因為非禮勿聽。

6. **回家最常做的事情就是滑手機與玩線上遊戲**

是的，可惡的是，還會一邊滑一邊笑，打字還超級快，比跟老婆初戀時還快。對，鎖密碼也快，刪訊息更快。而這麼璀璨的笑容，看到老婆立刻變成鮃夫臉。

7. **假日就是睡覺、睡覺還是睡覺**

因為上班實在累，所以在家自己睡，而且因為太累，不喜歡跟老婆睡。至於外面跟誰睡，反正男人一定也是說一個人睡。

8. **家裡的事情老婆講三次，還是一樣忘記做**

然後會告訴妳，這種小事記不起來是應該的，每天賺錢很辛苦，不要來煩他。

9. **顧小孩是女人的事情，男人不用管**

因為上班很累。而且轉眼間，孩子就上小學了，好神奇。

10. 小孩感冒、成績不好、哭鬧，第一時間就是叫老婆處理

而且還會說，別人家的小孩都不會感冒，就是老婆顧不好。

老公如果真的是如此怎麼辦？踢公背啊！從他的背踢下去，把他踢出妳的生活中就對了，橫豎都單親，幹嘛偽單親？幸福的單親，比起抱怨的雙親，可是好上太多了。

妳以為妳結婚了嗎？遇到這種人，那就是假的！唉唷，這麼縱容他，實在是業障重啊！

外遇警世文之一：
一個男人不該吃兩家飯

老婆早已知道情婦，而且告訴情婦：「要抓住男人的心，必須先抓住男人的胃。」

在西方電影中，美食向來是主角之一，所以影評家兼作家彭怡平曾經寫過一本非常有趣的書《開麥拉美味幻想曲》，把世界經典名片中，關於吃飯與食物的場景與電影情節做了詳盡的描述。不過，如果這本書可以再版，她或許會加入一部電影《雙食記》。

《雙食記》，描述一個男人周旋在兩個女人間的故事。不過，別以為這是愛情文藝片，事實上，這是一部不折不扣的驚悚片。女人透過這部片告訴男人：「一個男人不應該吃兩家飯。」

故事的內容，大致上是講一個花心男人的故事。男人身邊有兩個女人，一個溫柔可人，一個豔麗非凡。男人以為可以瞞著兩個女人享齊人之福，沒想到老婆早已知道情婦，而且在接近情婦後，告訴情婦：「要抓住男人的心，必須先抓住男人的胃。」開始教情婦怎麼做菜。大家應該有看過傳統的農民曆，在台灣的農民曆裡，除了介紹某些日期不宜外出、不宜嫁娶等等外，還會介紹某些食物不能搭配食用，否則就會中毒身亡。這位老婆深知中醫在食物搭配時的禁忌，每樣食物對於男人而言，都是養身美食，然而，如果同時（或相隔時間甚短）服用，就會導致身體器官逐漸衰竭，最後乃至於死亡。

整部影片，在我看來，最精彩的莫過於最後一幕，也就是男人大口吃著兩人合作的終極菜餚，一邊還能數落兩人的情節。這男人一邊大啖美食，一面說：

「妳愛我嗎？（看著A女人）妳也愛我（看著B女人），是吧？但是妳們愛我什麼呢？還是妳們只是愛著妳們自己啊？現在滿意了？舒服了？這就是妳們想要的。一個沒有祕密的男人，還可愛嗎？」

這段話頗有隋煬帝在隋朝滅亡前，攬鏡自照，看著蕭皇后說：「好頭頸，誰當斫之？」的況味，這應該是本劇中最驚心動魄的一幕。肉慾與死亡，在渡邊淳一的《失樂園》中，原本就是一線之隔，男人享受肉慾，也坦然接受死亡，我還是佩服他的豪氣。

談到這裡，大家應該很想要看看作為自己款待外遇的老公所用的食譜。這位妻子與第三者合作的菜餚如下：

第一道菜：椒薑羊排煲、仙茅牛睪丸南瓜湯。

據說羊肉與南瓜相剋，除非食用時間相差兩小時以上，否則容易導致黃疸和腳氣病。

第二道菜：香酥腦花、芹菜、蠔油洋蔥鵝翅、胡瓜蒸蛋、花生烏雞燉參湯。

據說鵝肉和雞蛋相剋傷脾胃，大量暴食芹菜會殺精。

第三道菜：清蒸大閘蟹、栗子咕嚕肉、酥炸香蕉、杏仁雙菇、番茄芋頭牛肉羹。

據說牛肉與栗子相剋，難消化，易引起嘔吐。

第四道菜：豉爆鯰魚、韭菜木耳、皮蛋豆腐、紅蘿蔔肉丁、麥冬菠菜豬肝湯。

據說韭菜與菠菜相剋，會導致腹瀉。

第五道菜：爆炒田螺、鱉肉湯。

據說田螺與鱉肉都是寒性食物，兩者相加會嚴重傷脾胃，易致腹瀉。

第六道菜：炒蝦、番茄湯。

這道菜可說是終極必殺絕招，因為蝦子與大量的維生素C同時食用會導致中毒。據說蝦類等軟殼類含有大量濃度較高的五鉀砷化合物，在大劑量服用維生素C之後，五鉀砷轉變為有毒的三鉀砷，這就是人們俗稱的「砒霜」。然而，大量的定義大概是一次吃下五十個中等大小的蘋果，應該有相當的困難度。

心動了嗎？準備去採購食物了嗎？且慢，這只是電影，妳還真認真了?!

其實不需要這麼麻煩，只要每天多油、多炸、多垃圾食物，其實很快就可以讓老公早日成佛，實在不需要如此大費周章。

所以，一個男人不要吃兩家飯，不然肯定會中毒。而且，往往是最親密的人對自己下廚，或者，兩個人一起下廚。

外遇警世文之二：外遇前的心理準備

在婚姻裡，看外面的都是美好，看裡面的都是疲累。

他，或許是妳同事，每天相處超過八小時。他總是機靈的為妳想好如何應付老闆、怎麼收拾善後。他會耐心地等妳做完工作，陪妳走過街角的那家咖啡店，買杯咖啡給妳喝，然後一起搭捷運，在不同的車站下車。他會耐心地傾聽妳對於老公的抱怨，告訴妳如果是他，會如何帶小孩，還會表演不同的鬼臉逗妳開心。

他，或許是妳上司，他會抱怨太太就像黃臉婆，每天只會跟他追著要錢。他會在跟妳吃飯的時候，輕輕的放下清酒杯，然後微微的嘆氣說，「唉，我老婆要是像妳一樣善解人意就好了。」接著會暗示妳，他們已經許多年沒做愛，現在就等著孩子長大要簽離婚協議書。他會告訴妳，未來很美好，只要妳忍耐一下，而這一下就是好幾年。

他，或許是妳同學會巧遇的老友。多年不見，看起來身材還是保持得很好。聽說他還未婚，或許就是等妳出現。他輕描淡寫地稱讚妳，看不出是兩個孩子的媽，竟然還這麼年輕可人。你們會開始在LINE上面曖昧，他讓妳感受到被愛的感覺，望著身邊打呼的老公，妳覺得面目可憎。

她，每天打扮得光鮮亮麗，果真看不出已經結婚多年。你聽她說，家裡的男人會家暴，還不顧孩子去外遇。你心中的豪氣陡然而生，決定保護這個女人。你想著家裡的女人，每天只會跟你要孩子的補習費，簡直俗不可耐，而面前的這個人，不談錢、只談愛，她要的是精神上的伴侶，而且她老公已經很久沒碰她了。你們開始牽手，然後接吻，最後上床，彼此找尋另一半不能給的歡愉。

但是，請你想想脫下褲子或裙子以後，會發生的現實問題。若是他還有婚姻，不論你如何的反對通姦罪，刑法的制裁就還是存在，民法的損害賠償也不會少。而**在你們還沒結束婚姻之前，這就叫做背叛。不被愛的叫做第三者，這是偶像劇安慰你的話。當你決定在離婚前有婚外情，接下來就是更複雜的愛恨情仇**。他或許會為了嫉妒而不放你走，他或許會為了折磨你而折磨另一個他。

請別忘了，他起床去工作賺錢，為了給家裡更好的生活，他被老闆罵到沒尊嚴；他看著新來的實習生流口水，但是在她邀約他吃晚餐時，他對她說我老婆在家等我吃飯。也請別忘了，她在職場上忍受上司的性騷擾，但是從來沒對別的男人正面看過一眼。她下班就趕捷運回家，只為了孩子沒人陪。她放棄了跟同事去酒吧品酒，只因為你曾經在三年前不經意地說過，不喜歡她這麼做。

在婚姻裡，看外面的都是美好，看裡面的都是疲累。但是，親愛的，這無關道德，這只是生活。而當妳還沒看透這一點，那個第三者扶正後，妳很快就會發現，他跟原來分手的那個人，其實一模一樣且讓人討厭。

因為，妳討厭的不是他，而是沒想透的自己。

外遇警世文之三：外遇不但可恥，而且沒用

對於一個曾經被背叛過的人而言，原諒，口頭說說容易，但是真正做起來困難。

「大師你好，我之前曾經外遇，太太知道後，我就跟對方分手了，也還是深愛著太太。後來太太雖然沒跟我離婚，但這幾年來一直對我很冷淡，言語間也不時會譏諷我，請問大師，我應該怎麼挽回這樣的感情狀態？」

這位先主：

外遇很可恥，而且沒用。當面臨了感情的彈性疲乏，或是開始想要脫離窒息的狀況，有些人會選擇以新的感情來終結舊的情感。如果選擇外遇，是為了加速自己原來感情崩解的速度，並且不在乎自己背負更多的麻煩，倒是可以考慮，不過要擔心後遺症就是了，特別是一方不肯放，這一方，可能是外遇對象，或是自己的原配。

外遇對象不肯放，問題原則上都不大，因為只要背叛方願意配合，原配偶可以提告，包括民事上侵害配偶權的損害賠償，或是刑事上通姦罪的告訴，都可以讓對方鬆手。但是，原配不肯放，有時候就會造成往後婚姻生活的許多困擾，所謂的不肯放，不是制度上的不肯離婚，而是心理上無論如何就是過不去，即便口頭說原諒，但是實際上就是放不下。

對於一個曾經被背叛過的人而言，原諒，口頭說說容易，但是真正做起來困難。或許當下會因為小孩、公婆、父母的說情，願意不在法律上提告，但是當夜深人靜、午夜夢迴時，種種不甘就容易浮上心頭，看著這個人自由地來去感情中，卻又不受到任何處罰與拘束，當然會覺得不舒服。這就是原諒但不能體諒的最佳注解，她，不是不願意原諒，而是很難體諒。然而體諒，卻又是婚姻生活中，最重要的元素之一。

你可以理解了嗎？事實上，在決定不提告的一剎那，或許配偶早已原諒你，但是她的原諒，其實就像是針刺在心頭，拔出來流血，不拔出來內傷，進退維谷、左右為難，因為她或許會突然想起某一天你對她說的謊，你跟她說加班，但是地點不在公司，而是在汽車旅館。這種椎心刺痛，沒有三、五年，很難就這麼簡單說原諒就原諒。

所以，你要挽回這段感情，並不是這麼容易，因為背叛是最難體諒的一件事。你自己就必須先展現「體諒」的「決心」，我之所以說「體諒」，是因為你必須體諒她對於你的不信任、憎惡、排斥等等行為，她不是故意的，只是她不這麼做，就無法繼續下去，她的情緒必須有出口，告第三者不見得就能處理情緒上的洩洪點，她就是無法這麼輕易地放下而已。至於「決心」，則是你不能抱怨、不能說「妳到底還想怎樣」，對於她的查勤、防備等行為，你必須要充分地配合與理解，畢竟是你要她原諒，她大可拋下這段感情繼續往前進，但是你卻讓她必須留在原地，處理完情緒，才有和解的可能性。所以，你必須要有決心，否則，這段感情將會無以為繼。

當一段時間經過，或許是一年、三年、五年，或許她逐漸往前緩慢地移動，這時候你才可以稍微鬆口氣。她不會忘記，但是她會開始願意相信。這段期間需要很多的耐性與小心，你不能有怨懟，不然就乾脆放棄。

是的，**放棄**。**有時候放棄也是一種勇氣**。**如果你真的已經無法繼續，這時候不見得一定需要委屈自己**。原配對你的情緒，不是故意的，是不由自主的，然而如果對你已經造成生活上的嚴重影響，不如就放棄，畢竟破鏡重圓這種事，需要非常細心的修補，不是每個人都能做得到。可以，恭喜你；不行，祝福你。

人生，還是必須照顧自己的情緒，不見得一定要委曲求全，即使犯錯，也是如此。

阿彌陀佛。

嘿！女孩
所有愛情都有競爭者

他會慢慢的越來越離譜，就等妳什麼時候算帳而已。所以，讓他吃飽喝足，再讓他在婚姻的黃泉路上好好上路。

在婚姻關係中，外遇肯定是最常見的殺手。雖然我們常聽到一句話：「物必自腐而後蟲生」，然而第三者卻是引爆離婚的重要導火線，而且由於我的樣本中，男性外遇比例遠高於女性，所以我們今天就來教學，處理男人外遇的標準流程。當妳發現男人外遇，應該如何自救。

首先，深呼吸，不要衝動。看看妳發現了什麼。可以分成三個等級：

黃色警戒：問候簡訊、牽手、擁抱自拍照。

紅色警戒：摩鐵發票、接吻、摩鐵自拍照、老公我很想你、你昨天很強、人家要再來一次簡訊。

紫爆警戒：性愛光碟或照片、戶口名簿多了一個小孩。

要告通姦，只有紫爆等級的才有機會起訴；紅色等級大概就是要賭一把；黃色等級，大概就是告好玩而已。

不過，如果是民事損害賠償，黃色等級就可以請求一些錢，只是不多而已，要想想，就算是紫爆等級，也不過就是平均四十萬上下，往下二十萬，往上一百萬。

所以，不要衝動。如果只有黃色等級，那就等等，這不叫做姑息養奸，而是引蛇出洞。要知道，男人總以為女人是白痴，什麼都不知道，在姦情火熱之際，總覺得自己神不知鬼不覺，渾然不會查知自己已經接近地獄的深淵，只等自己推自己最後一把。

他會慢慢地越來越離譜，就等妳什麼時候算帳而已。所以，讓他吃飽喝足，再讓他在婚姻的黃泉路上好上路。

不要打草驚蛇，我們就靜靜地蒐集所有的證據。要不要找徵信社？除非值得信任，否則我個人不贊成，因為費用非常高，而且不一定能找到什麼，更可能讓自己吃上官司。但是，如此一來證據怎麼蒐集？我不都說了，時間站在我們這一邊，如果第三者是單身，她一定會要求扶正；如果第三者有老公，這位仁兄早晚會出現。隨著她要求扶正，證據就會不斷出現。或者她老公會主動把證據給妳。

接著，請妳認真地考慮，妳要什麼。這句話我問過很多人，但是通常的反應都不是我要的，反而是我得要教育他們。

再問一次，妳要什麼？

要他愛妳，或重新照顧這個家，也不是不行，但是要他自己想清楚，我沒辦法使用法術讓他重新愛上妳，畢竟我還沒轉職當法師，MP值不夠。但是，男人外遇，回頭的機會比女人高很多，妳可以賭看看，只是不敢保證。而且他回頭以後，再犯的機率非常高，跟家暴一樣。

但是一定要離婚嗎？也不一定，有人常說，沒了感情，就放對方自由吧！我當然贊成，只可惜，基於大嬸的個性，我比較現實一點，婚姻的基礎其實非常複雜，如果只是男女朋友，我會建議分手；但如果是結婚二十年的夫妻，我很難直接說離婚算了，因為這是一種死道友不死貧道的說法，小孩又不是我養，財產又不是我給，律師費卻是我收，這種事情我做不出來。

決定要離婚之前，請想清楚親權與財產的問題。一般而言，如果小孩都是自己照顧，那麼取得親權的機會高，這跟有沒有工作或經濟能力無關。只要跟孩子的關係好，大概問題不大，男人說不定還搞不清楚小孩現在到底念中班還是大班，他們總是一瞬間突然發現孩子上小學了、念國中了，所以這一點可以放心。可是如果很想要親權，又沒有把握一定可以拿到，例如孩子都是奶奶照顧，而且住在婆家，可能就要小心謹慎，不見得要主動離婚。

另外就是財產。離婚的時候財產的計算，就是以夫妻婚後財產增加的差額除以二，多的人要給少的人。所以，如果房子都登記在老公名下，要預防他賣掉房子脫產，預防的方法，就是不要離開那間房子。如果房子都登記在自己名下，那就得想想，要不要這麼衝動，直接談離婚。

基本上**男人想離婚的時候，跟剛認識妳想跟妳上床的時候，勇氣與毅力**

都是一樣的，當然不要臉的程度也是相同的。所以，只要他很急著想離婚，天下一定就是咱們的。

最後，請記得一件事，不要因為他犯錯，就讓自己變成惡魔。人鬼原本就殊途，記得即使到最後，我們都要保有人的溫度，即使他是鬼。

要照顧好自己，這是最重要的。

關於通姦罪去刑法化的10點建議

1

我贊成通姦除罪化，因為刑罰不應該介入私人的性生活，況且蒐證衍生很多更糟糕的法律問題。這部分用民事賠償來解決是比較適當的。

2

一般而言，判刑不過只有四個月上下，原則上都不會被關，但是浪費的社會資源卻相當多。更重要的是，通姦，就是要性器官接合的證據，現在的法院對於這部分都很嚴格，簡訊、照片、自白，都很難當作定罪的唯一依據。

3

婚姻只是契約，我不認為有什麼神聖性可言。有感情就是一個家，沒感情通通都只是業障重而已。

4

請「盡量」不要背叛自己的配偶，要背叛之前，想想你當年怎麼追她的、想想你們曾經甜蜜的時候，想想家裡的那幾個小孩、想想曝光的時候會有多尷尬，想想如果不小心懷孕，對方不肯墮胎的時候，你沒錢養小孩的樣子。想完以後你還想玩，好，我祝福你。

5

通姦罪是可以對配偶撤回告訴的，只單告第三者。實務經驗上來說，配偶是男生，被原諒的可能性很高；配偶是女生，通常都會被告到底。

6

第三者被告，定罪的性別比例差不多。第三者是男生，通常不會被原諒；第三者是女生，配偶更是要她命。

7

外遇的配偶回歸家庭，一般而言男生比例較高，女生大概就是斷了線的風箏居多。所以女性的第三者要扶正，難度很高。

8

男生外遇後，即使最後離婚，再婚的對象不見得是第三者。所以如果遇到這種情況，大概是真愛，但之後再外遇的機率還是會有。

9

我不太喜歡外遇者外遇後，與配偶一起對抗第三者的狀況，因為我覺得這樣的情況是背叛兩次，第一次背叛配偶，第二次背叛第三者。可是有時候為了回歸家庭，這也真的很兩難。

10

通姦罪除罪化，不代表以後配偶就可以亂來，只是回歸民法的規定，讓刑法可以退位，不要衍生更多法律上的困擾。更重要的是，這是一項男女不平等的法律，對於女人而言，格外不公平。

有一就有二的家庭暴力

家，是讓你感到安心的地方，而不是作戰的地方。只有反抗，才能安頓。

家庭暴力並不是一件離我們很遙遠的事情，事實上，所謂的家，台灣人所期望的，很多不見得是愛，而是面子。是「面子」蓋住這個家，不是「愛」在建築這個家。所以對於家庭暴力，我們只應該有一個概念，那就是反抗。

1. 打人，只要一次，就算是一次，也會有第二次。不管這個人怎麼苦苦哀求原諒，會持續出現。唯一可以做的事情，就是逃離這個地方，然後提出傷害的告訴。

2. 用不堪的言語辱罵，也不會只有一次，請平心靜氣地問對方，他難道真的想跟妳媽發生性關係嗎？還是真的覺得妳就是妓女？如果對方覺得妳頂嘴，通常就會衍生其他暴力，請勇敢的報警處理。如果他只是口無遮攔，請他把香港腳的藥膏塗在自己嘴唇上，再考慮要不要原諒他。

3. 冷暴力，對妳視若無睹，肯定是一種暴力。請妳直接問他，是不是不想繼續這段關係，如果是，請到戶政事務所辦離婚。如果不是，請他跟妳一起去婚姻諮商。如果不給答案，請搬家，這是寂寞，不是孤獨。寂寞會殺死一隻貓，但是妳沒有九條命。

4. 打小孩，請不要縱容，因為孩子會恨妳，以後妳也會恨自己。如果為了擔心他打妳，所以妳犧牲孩子讓他打，妳是共犯，沒有比他高尚多少。

5. 亂摔東西，請他照價賠償。家裡的東西沒有誰買的這種事情，就算是他買的，既然在家裡，他就是侵害妳的使用權。如果他覺得摔東西只是發洩情緒的一種方式，請記得，他下次為了發洩情緒，應該會摔妳。

6. 他強制妳發生性關係，這就是性侵害。夫妻間沒有做愛的義務，妳不給的，他就不能要。

7. 如果他不給妳家用，妳應該去找一份工作。而如果妳無法找工作，請給我一個理由。即便是為了孩子，妳也要知道，他已經不管家庭分工，妳又何必當免費女傭？不過請記得，經濟暴力，也是一種家庭暴力，利用錢來要求配偶服從，這是一種可惡的暴政，應該要推翻，或是獨立。

8. 限制妳的行動自由，不讓妳回媽媽家，是剝奪人身自由的行為。如果妳跟他媽住在一起，當他質疑妳為什麼每週要回娘家的時候，請妳勇敢地挑戰他，客氣的問他為什麼每天要回家？

9. 用嘲諷的語氣質疑妳的判斷、用譏笑的言語比較妳跟其他的女人、動輒用離婚或帶走小孩來威脅妳要服從他，這同樣是暴力行為，請反唇相譏，或是錄音存證後離開這個「家」，但請記得把小孩一起帶走。

10. 他撞牆壁、打自己、威脅自殺，這叫做情緒勒索。他透過自殘的方式，讓妳聽他的話。面對勒索，如果妳一再退讓，那就是縱容。

妳要做的，其實就是反抗。家，是讓妳感到安心的地方，而不是作戰的地方。但是請妳寬心，開戰的不是妳，妳不過就是抗戰而已。只有反抗，才能安頓。

委曲不能求全，所以無論如何，在這個家裡，妳都要有身為人的自尊，而不是為了顧全面子活下去。

妳的相忍為家，根本一點也不值。

婚姻裡好男人該有的練習題

女人要是愛上別人，個個都是天蠍座。那種決裂不回頭的決心，男人領教過就會知道。

在台灣社會的婚姻裡，男人已經占有社會與生理結構上的極大優勢。所以許多女人會遇到的問題，男人大概都不會有。如果面臨離婚的困境，台灣男人基本上大概只會遇到幾個問題。

第一種問題，大概是財產全在老婆手上，自己賺錢流汗，老婆花錢流水。這種情況不常見，而且還可以分兩種遭遇，前者是所有的錢都讓老婆「管」，但是家用根本不夠，所以老婆成為過路財神，還得背負「錢為什麼這麼快用完」的罵名。後者才是真正的所謂惡妻，老公永遠只穿十年前買的內衣，老婆卻是名牌包隨便買。不過即便是後者，老公也得要負責任，錢是自己賺的，幹嘛讓她奢侈浪費？應該先針對用錢的方式好好溝通，不能溝通，乾脆就把財務權收回來自己管。

第二種問題，就是老婆有外遇。比例上外遇大概是男多於女，但是女人一旦出軌，就不容易回頭。有沒有這種女人，當然也有。容我趁機宣傳自己的短篇小說，兩本《噬罪人》就寫了至少三則故事是講女人外遇。

女人要是愛上別人，個個都是天蠍座。那種決裂不回頭的決心，男人領教過就會知道。

其他問題，等一下我會說明，但真的都不是大事。

真的沒大事嗎？沒了。真的沒了。因為現在的社會與生理結構，就是對女人比較不利。不信嗎？我隨便問幾個問題。

男人有月經跟懷孕的問題嗎？月經每個月都會來喔！懷孕要挺著肚子九

個月喔！月經有經痛、大量流血、民俗禁忌，每個月定期發生。懷孕，想想這種熱天氣、體重狂飆、產後要坐月子。

男人有住在娘家的問題嗎？必須要離開自己熟悉的環境，跟一大群人結婚嗎？媳婦在家要幫忙、孝順公婆、與妯娌相處、與小姑當朋友，其他傳統的期望更是壓得人喘不過氣來，而這些，都是每天在發生的事情。女婿只要在初二那一天，陪岳父打麻將，大概就可以輕鬆過關。遑論這些傳統的偏見：男人凶悍叫做霸氣，女人凶悍叫做嫁不出去。洪秀柱、蔡英文被叫做男人婆，溫柔一點的男人叫做娘娘腔。這些難道都不是社會上的隱性歧視嗎？

我們回到所謂的「其他問題」，一段婚姻，男人要怎麼面對所謂的「其他問題」？

先決要件就是健康。一個會拖累家庭的身體，其他都不要談。要定期運動、健康檢查，特別是像我這種上了年紀的中年男人更是如此。熬夜應酬不是不行，但是還是要適時地照顧自己，特別是，不要為了賺錢而犧牲健康。否則以後就會有別人來當你孩子的新爸爸、住你的好房子、開你的好車。

你可以哭，但是不要找老婆以外的女人哭。劉德華唱過，男人哭吧哭吧不是罪，他唱的是真的。你要學著適度地柔軟，強悍表現給外人看就好，堅強在公事上即可。男人哭的時候是很性感的，特別是為了愛或是因為挫折。

家裡當然是講理的地方，不要天花亂墜、胡說八道，以為女人察覺不出你的心事。也不要認為你的女人做錯事，抱緊處理就好，那只會讓她繼續犯錯。你要平心靜氣地把話說清楚、講明白，然而，這樣就好。得理不要不饒人，適可而止會更好。至於如果對方不講理，那麼就離開現場。孔子有云：「小棰則待過，大杖則逃走，故瞽瞍不犯不父之罪，而舜不失烝烝之孝。」

大杖就快逃啊！不要害老婆背上迫害老公的罪名！

不要動手，絕對不行。也不要摔東西洩憤，東西很貴，而且弄壞要買新的，錢還是得自己付。動手打人，直接零分，連補考也不行。至於口出嘲諷、冷言冷語、冷漠以對，這叫做「冷暴力」，不僅在法律上屬於家庭暴力的一種，而且一點必要也沒有。這麼討厭對方，要不要乾脆找呂麗絲會比較快？何必苦苦折磨對方？

請記得，現在是二十一世紀，鴉片戰爭的時代已經過去，不應該有片面最惠國待遇了。請不要用雙重標準看待彼此的關係。你要女人對自己的爸媽付出多少、要她選擇住在哪裡、要她如何操持家務、要她怎麼相夫教子、要她學習出得了廳堂、進得了廚房、上得了床，都請比照辦理。你要衡量對方的罩杯，記得要拿出自己的三十公分。

如果你很在意財務，那麼在結婚前就先把雙方的財務講清楚。不要隱瞞自己的債務與財產，但是要講清楚未來的權利義務關係。如果很有錢，把錢都交給老婆，那是一片孝心，雖然我不贊成，但還是比交給老媽要好。我的建議就是，自己的財務自己管，你們可以共同經營家庭，但是不要共同經營財產。

最後，如果能獨立組成小家庭最好，如果真的希望老婆跟自己的爸媽住在一起，請記得要有擔當。我所謂的擔當，就是擔任當中的潤滑劑。媽媽一定會跟老婆有些許摩擦，請體諒她這個家庭的新成員，對於你們家的規矩與習慣不能理解與適應，這沒辦法同化，也別想同化。總之就是**對媽媽好的時候，都歸功給老婆；媽媽念老婆的時候，完全都不要轉達**。如果媽媽真的不能與老婆共存，請選擇搬出去，不要叫老婆忍耐。忍耐也是有限度的，不然交換一下，你去住在老婆家陪岳父打麻將一年，只准輸不准贏，一年就好，你可以接受，那我就負責幫你訓練老婆忍耐你媽。

男人，關於經營家庭，要立死志啊！不行的話，十姊妹也是我們的好朋友，就別為了傳宗接代與找一個性伴侶而害人了，單身也很好的。

婆媳關係不必是母女關係

兒子只是選了妻子，可沒有幫妳選女兒，所以，請學著放手，不要再介入他們夫妻之間。

婆媳問題自古以來就是難解的習題，從後宮內鬥到如今對簿公堂，婚姻難免被這些小事給破壞了。現代媳婦意識也逐漸抬頭，不再是嫁雞隨雞的小女人心態，或許身為媳婦的我們可以盡力在伺候公婆時，能再多一點同理心；又或是身為婆婆的我們想為孩子好的心態，能再放心放手一點，交給孩子們去處理。公婆為我們帶孩子，小夫妻們想過自由生活，日子中遇到的許多小事，往往沒有理所當然一定要全然包容或是委屈忍耐，兩個不同的家庭確實有很多觀念要磨合，彼此都在努力維繫「家」，懷著感恩感謝的心情，轉個念，或許看事情的角度也就不一樣！

關於妳的問題，真的不是問題，妳只是沒有調整心態而已。

這個女孩，不是妳的女兒，也不是陌生人。她是一個跟妳沒有血緣關係，但是原則上會跟妳的兒子在一起一輩子的人。

所以，**妳需要的態度是，正視她真實的存在，她是別人的寶貝女兒、兒子的親密伴侶、孫子的守護天使，但是她不是誰的附屬品**，以前到現在，通通都不是。那些身分，只是提醒妳，她跟妳沒有關係，頂多法律上稱為媳婦，屬於一親等的姻親，如此而已。妳沒資格把她當作家裡的傭人，但也不需要把她當作妳的女兒。

是的，不需要。首先，妳對兒子要先學習放手，他已經是成年人了，任何事情都要自己負責。當他對妳訴苦，抱怨他的太太如何不好，妳都要學著左耳進右耳出，不要傳話，更不要有任何的判斷。夫妻的生活，妳也懂了大半輩子，只有當中的人知道問題在哪兒，轉述出來的話都是隱善揚惡而已。兒子只是選了妻子，可沒有幫妳選女兒，所以，請學著放手，不要再介入他們夫妻之間。

妳可能很好奇，為什麼我希望妳不要把她當女兒。因為，她不是妳女兒，她的媽只有一個，那並不是妳。無論再怎麼親密，妳應該只能把她當做一個陪伴妳兒子的女人，平等地對待她，這樣也就可以了。

好吧，或許妳可以把她當自己女兒一樣地照顧。然而，請記得，她仍然不是妳女兒，所以當她在看韓劇的時候，請不要念她；當她在照顧小孩的時候，請不要教她；當她在跟妳兒子吵架的時候，請不要罵她。這些妳可以對妳女兒做的事情，都不能對她做。妳可以安靜地尊重她，因為她是妳兒子的另一半，但是一句壞話都不該說，因為她不是妳的女兒。她的媽媽打她一巴掌，第二天她就會忘記；妳教訓她一句話，她或許會記很久。

妳跟她之間的不愉快，很大一部分來自於妳過於期待妳們之間的關係，妳認為這個女人嫁進來你們家，就應該成為你們家的女人，跟在妳身邊，學習治理這個家。然而，省下這份心吧，她只是跟妳兒子共組一個家庭而已，她是她自己，不是誰的女人、誰的財產。妳，所需要做的，就是袖手旁觀、一語不發地尊重她，然後，嘗試過好自己的生活就可以了。因為，我們本來就得學習，努力管好自己不容易的人生，而不是別人的。

不要成為兒子婚姻中的第三者

現在，沒有誰，必須因為他的外在，包括身分、地位，而必須被歧視。這是個人人可以被推倒的時代。

有個網友問了我一個問題。他的母親是單親媽媽，父親過世後，她一個人把孩子扶養長大，雖然談了幾場戀愛，但後來都還是單身。問題來了，現在這位朋友有個論及婚嫁的女友，但是母親的要求有下列幾項：

1.「必須」婚後與媽媽住在一起。
2.「一定」要給孝親費，數目由媽媽斟酌決定。
3.「不得」忤逆媽媽，無論在何種狀況下，都要尊重可憐的媽媽。
4. 如果沒有要生小孩，四十歲以後才可以結婚。

以上條件沒有折扣可言，如果不同意，有三個下場：第一，不孝，枉費媽媽含辛茹苦把孩子養這麼大。第二，所有從成年後，放在媽媽這裡的錢，別想拿回去。第三，以後媽媽的遺產，一毛都別想分。

我看完這一篇以後，心裡雖然已經咒罵了數百遍，但還是冷靜地回應了一句話：「你想當媽寶？」本以為他會生氣，沒想到他竟然回答，「每個選擇背後都有代價，那就不孝吧！」看來，他心中早有答案，只是尋求我的支持而已。既然如此，我來給這位媽媽一點小建議，以表達我對網友的敬佩。

親愛的姊姊，身為雞婆的大嬸，冒昧地寫這封信給妳：

一個成功的男人背後，通常有個景美的女人。這是我們那個高中時代的冷笑話。是的，現在都什麼時代了？為什麼成功一定要跟景美在一起？

時代不一樣了，即使我無法想像妳過去怎麼撐過來的，但是妳一定要記得這一點，時代不一樣了。在以前的年代裡，媳婦是奴隸、單親是恥辱、離婚是過錯、婆婆是神。但是現在，沒有誰，必須因為他的外在，包括身分、地位，而必須被歧視。這是個人人可以被推倒的時代。

我知道妳很辛苦，年輕的時候先生過世，一個人把孩子養大，但是，我相信妳照顧這個孩子，不是為了自己的晚年，而是為了這個孩子可以幸福地活著。他，是妳跟妳的老公共同生下來的孩子，但是你們不擁有他，他就是自己，只屬於自己。不論妳打了幾份工、攢了一點錢、做了一些事，就是為了把這孩子養大，重點是，他是人，不是妳的附屬品。

妳還記得他第一次叫「媽媽」的樣子嗎？妳會不會想起妳在哭泣的時候，他去廚房拿了衛生紙給妳，幫妳把眼淚擦乾？妳有沒有印象他第一次上台領獎，妳看到他，風光地站在台上，用妳的口吻、老公的神情，向全校發表演說。他是個有思想、活生生的人，從妳生下他開始，他就開始是獨立的個體。看到他，妳會讚嘆造物主怎麼可以這麼神奇，給妳的孩子這麼好的思考能力。

如果是如此，妳怎麼會現在變得這麼自私，只想到妳自己？

他已經成年了，會有自己的家、自己的孩子，妳從此之後，會多一個身分，而且這個身分的比重會越來越多，那就是朋友。妳應該學著獨立，就像他小時候一樣，妳要學著繼續勇敢地談戀愛、參與各種社團活動、學習新的知識與技能、考慮繼續在職場上貢獻，或者退休做點孩子沒有長大之前，妳無法做的事情，例如去西伯利亞搭火車壯遊，而不是把妳的生命繼續依附在孩子身上，讓他無法往前進。

妳當然可以用金錢，不管是他的或是妳的，把他養成媽寶，然後成為女人憎惡與嘲笑的對象，讓他窮得只剩下錢，重點是，只有那一點錢。也可以威脅把妳的遺產以後都丟給，嗯，我不知道可以丟給誰，畢竟妳只剩下這個兒子。但是，我可以明確地告訴妳：孩子，不是妳的資產，也不是妳的點綴品，他是生命，獨立的、美麗的生命。如果妳想這麼壓制他，那就做吧！

放手了，他已經不是那個牙牙學語、蹣跚學步的孩子，妳沒有權力把他當作附屬品，為取悅妳而活。是好是壞，他的未來都要自己承擔，妳唯一要考慮的，只有妳的晚年，妳要學著取悅自己。而控制他，不會取悅妳，只會讓妳看起來像是張牙舞爪的魔女，同時毀了他的人生。

每個成功的男人，背後應該都會有一個學會放手的母親。

這位姊妹，妳不放手，他會分手，請不要當他婚姻中的第三者。

如何與媳婦相處？
給婆婆的10點建議

1

請不要堅持跟兒子與媳婦同住，最好把他們趕出去。就算他們只能租房子，那也是他們的事情。遙遠的距離美感，保證讓你們婆媳關係良好。

2

不要把您媳婦當女兒，只要把她當作您兒子的老婆、您的朋友，那也就可以了。您可以把您兒子永遠當作未成年，但請把您媳婦當作同輩一般地尊重。您罵她一句，她會記一輩子。這世界上，只有她媽能管她，而她媽不是您。

3

您媳婦亂買東西、愛看韓劇、喜歡滑手機、不洗衣服煮飯、衛生習慣不好、不愛整理家裡、不會帶小孩等等的壞習慣，通通不關您的事，那是您兒子跟她之間的事情，而您兒子的事情，也不關您的事，他真的成年了。

4

如果住在一起，請互相尊重。不要去碰他們夫妻的東西，不要幫他們洗衣服煮飯，不要幫他們帶孫子。除非您的媳婦拜託您，而您行有餘力願意幫忙，再考慮就好。他們的事，自己處理，不要煩您。

5

他們夫妻吵架，請裝作沒聽到。您跟您老公吵架，會希望婆婆介入嗎？如果不希望，您現在介入會不會很怪？兒子抱怨的時候，就說媳婦好話，而且立刻忘記。至於媳婦抱怨，那就多罵您兒子幾句。

6

孫子的爸媽是您兒子與媳婦，不是您老公與您。隔代教養是不理想的，盡量讓他們親自帶孩子，尤其不要剝奪媳婦教養孩子的權利，怎麼看不慣，後果也是他們自己擔。

7

媳婦沒必要孝順您，該孝順您的是兒子，請培養兒子，成為一個有擔當的男人，協助您跟媳婦之間的相處。媳婦對您的好，要時常掛在嘴上，您對媳婦的好，要立刻忘記。

8

兒子在法院談離婚的時候，請不要來。這樣會讓他看起來很像媽寶，而且您也進不來調解室與法庭，只能在外面乾著急而已。

9

多規劃自己的退休生活，不要把重心放在兒子、女兒身上，人生即便已經過半，還有許多有趣的新鮮事物可以學習。讓自己的晚年生活更璀璨，是您的任務，請在死去前把所有的財產花光，不要讓財產變成遺產。

10

孫子不是你們家的，而是他爸媽的寶貝，請自動默念三遍。

親愛的阿姨，當一個好媽媽不容易，但是當一個好婆婆很簡單。簡單的口訣就是：「視而不見、聽而不聞」。您可以多關心自己的生活，而不是您兒子與媳婦的，我相信您的生活會更美好。說真的，兒孫自有兒孫福，照顧自己才重要。

別當毒菇給大姑小姑的建議

兩人明明就可以共存共榮，為何一定要棋逢對手？

有一種關係，就像是大學宿舍裡，原本一個人住的房間搬來了轉學生，平常上課的時候，不會在一起，但是下課以後，可能會牽手吃宵夜、共同抱頭痛哭、合作整男友、熬夜念期中考。

這個人與妳，法律上稱為旁系姻親，俗名叫做姑嫂，而妳，被稱為萬惡的小姑。

傳統的觀念裡，如果說妯娌是競爭關係，姑嫂大概就是敵我分別。姑又可分為兩種，出嫁的大姑與未婚的小姑。大姑畢竟已經結婚，大概也能部分體會弟妹的難處，何況自己或許也有說不盡的婆媳問題要解決。但是未婚的小姑，又與家人同住，恐怕就是媳婦的夢魘。然而，我們一定要來破解這個迷思，小姑與大嫂，怎麼可以是惡夢？兩人明明就可以共存共榮，為何一定要棋逢對手？一個女人因為種種因素，不能跟妳哥哥搬到外面組成小家庭，已經很可憐，初來乍到一個必須重新適應的環境，是不是很可怕？我們閉上眼睛想像一下，有一隻楚楚可憐的小貓咪，來到了新環境，看看她畏懼的眼神、無辜的神情，是不是應該要好好地保護她、照顧她、疼惜她，讓她探索新環境、適應新生活，而不是讓她徬徨無助地自生自滅？

我想，答案是顯而易見的。所以讓我們來想想，該怎麼保護這樣的弱小動物。

首先，請嘗試把她當作朋友。是的，**她是朋友，不是妳的姊妹。她或許在幾年後，可以升級為妳的好朋友、手帕交、閨密，但是一開始，請把她當**

作朋友就可以。基於她只是朋友，所以請保持禮貌，不要動輒用「我們是一家人」這樣的話「嚇到」對方。沒錯，這是驚嚇，因為一家人的稱號有點沉重，她會害怕做不好。面對陌生的床鋪、廚房、環境，她會想家。所以，請把她當成朋友，保持清爽不油膩的關係就好。一定要有禮貌，因為你們只是平輩，但是並沒有一起長大。不要穿她的衣服、用她的衛生棉、帶她的小孩，朋友沒這麼隨興的。

其二，她大概也就是室友，住在一起而已。對於室友，我們都知道在生活作息上要彼此配合，大家都是因為沒錢才住在宿舍，不要太強人所難。如果她沒有半夜還在客廳裡看韓劇，干擾妳的睡眠，而是躲在自己的房間裡強迫老公陪看，那麼請不要跟妳媽打小報告。室友就是有彼此應盡的義務，如果她沒做到，就請客氣的直接跟對方說，但還是請注意，她跟妳是室友，妳不是舍監，所以不要用頤指氣使的方式處理，就是點到為止就好。如果對方只是把自己的麻煩丟出來，一點也不為自己做點事，那也不用為媽媽仗義執言，就請大哥搬出去也就是了。

其三，請不要把她當作親姊妹。她真的沒跟妳一起長大過，也沒辦法體會妳說的「孝順母親」是多麼重要的一件事。沒辦法，妳們的媽媽不同一個。所以，妳可以跟她「協商」怎麼洗碗，對，協商，不是命令；也可以「拜託」她可否在洗大哥的衣服時，「偶爾」「幫忙」「妳媽」晾衣服，但是，這不會是命令，因為妳不是她家人，不可以要求人家超過她幫你哥做的事情。對於家裡而言，並不是多一個以上對下的幫傭，頂多只是互相幫忙的幫手。

其實，關於姑嫂關係，妳還可以做更多。如果覺得這個朋友可以深交，那麼就多為她雪中送炭、錦上添花。畢竟她是轉學生，而妳在這個學校已經念了二、三十年。我們都知道，幫助新來的轉學生，這個轉學生一定可以跟妳成為最好的朋友，為妳介紹男友、幫妳出櫃、帶妳買衣服、借妳首飾用、陪妳一起哭。

至於她跟妳哥的事情，妳管那麼多幹嘛？室友的男友，當然是一起罵的，難不成妳要一起愛？

Part 4

你走你的路，直到我們無法接觸

沒有離不起的婚，

只有付不出來的代價。

關於離婚，說個故事……

如果要諮詢任何問題，只要幫得上忙，我大概都歡迎。但是，你得先確定你應該在道理上站得住腳；或者，你在道理上站不住腳，但是騙得了我。否則，你得到的答案，不會是你想要的。這也是為什麼，我只能寫出某些女人的想法，因為男人真的不找我，我沒辦法取得足夠的樣本數，為某些男人申冤。

今天難得一個男人找我談，對話非常有趣。

「律師，我想要離婚。」他說。

「喔？為什麼？個性不合嗎？」我問。

「對！律師，你怎麼知道，我們確實個性不合。」他受寵若驚。

「喔！不是吧！應該是你有外遇了，我剛剛是開玩笑的。」我不知道哪裡來的靈感，竟然就這樣直接嗆他。

他猶豫了幾秒鐘，頓時我覺得猜對了。

「我確實是認識了一個人，律師你說得沒錯。」他口氣很沮喪。

「那就是外遇囉！那就不要跟我說什麼個性不合，這很討人厭，我也沒辦法幫你解決問題。」我碎念了兩句，「這樣吧！你肯定是要我幫你。我問你，她不肯離婚嗎？」

「沒錯。」他像是聽到了救星，「律師，你說我該怎麼辦？」

律師這時候聽起來像是大師，頓時有種要開示別人的感覺。

「這個呢！你要小孩的監護權嗎？」我問。

「當然要。我……」他還沒說完就被我打斷。

「停！」我直接插嘴，「你不要再說了。有外遇，還要跟老婆要孩子的監護權，你哪來的自信啊？」

「外遇跟監護權無關吧！我記得您說過，一個壞老公，不等於就是壞爸爸啊？」他急著澄清。

我好氣又好笑，「對！那是指到了法院以後，法官不見得會因為外遇而把監護權給誰。但是請你現在搞清楚，你老婆不同意離婚，即便到了法院，你的離婚訴訟也不會贏，你現在是要求她放了你自由，你怎麼還敢要什麼東西？」

「所以小孩要給她的意思？」他口氣放軟很多。

「不只，你們的財產呢？」我問。

「有間房子在我名下，我……」他的話又被我打斷。

「停！房子也給她。」我說。

「啊？那我有什麼？」他反問我。

「你有那個第三者，對你永恆的愛啊！」我說。

我是認真地回答諮詢，不要認為我在開玩笑。歷史上，所有爭取自由的行動，莫不是要付出代價的。沒有離不起的婚，只有付不出來的代價。

離婚理由——寫給女人

沒有經過幾年的磨合，誰會跟誰合？而且，不合都是他錯，妳都對？

有臉友詢問，有哪些問我的問題，我會覺得很「可愛」呢？其實這也不是很重要，因為反正我也還是會回答，即使我心裡不知道翻了多少白眼。所以，這篇文章只是建議性質而已，想可愛的還是可以繼續裝傻。

然而，這說不定就是妳為什麼會遇到這些問題的原因，不是嗎？

1. 老公都不工作，可以要求離婚嗎？

有個笑話。有天，一個男人去做婚姻諮商，諮商師問他，你的配偶從事什麼工作？他說，她沒工作。她每天在家帶小孩、洗衣服、做飯，所有的家事都是她做的，所以她沒有工作。

是的，老公沒工作，每天在家看盤玩股票、發呆流口水，那麼，家事誰做的？孩子誰照顧的？如果這些他都沒做，這才叫做沒工作，否則妳不過就是陷入「男人在外養家才是男人」的迷思而已。穿圍裙的男人也很迷人，不是嗎？

2. 老公都不給家用，可以要求離婚嗎？

家用，就是這個家要用多少錢的意思。如果他不給錢，那麼妳給了嗎？沒錢為什麼不去賺錢？只想著要他給錢？

因為他有錢但是不給？妳為什麼不跟他拍桌子，質問他這個家總共需要多少錢，為什麼他以為一個月五千元可以養活兩個小孩兩個大人？或許他認為買菜這些就夠了，也或許他認為貸款是他付的，更或許他是想不給錢逼迫離婚。

妳想離婚，不就順了他的意？單親媽媽會不會當？妳就當他不在了，自己養小孩是不行嗎？

3. **個性不合，可以要求離婚嗎？**

當然可以要求離婚，但是要對方同意。對方如果不同意，一般來說，大概是你折磨對方折磨得不夠多，或是他還沒找到新歡，找到就同意了。

至於，要法院依照這個理由判決，大概很難，否則百分之九十五的夫妻可能都有理由離婚。沒有經過幾年的磨合，誰會跟誰合？而且，不合都是他錯，妳都對？

妳承認自己也有錯？很好，但為何是妳提出離婚而不是他？

4. **配偶外遇，我該原諒他嗎？**

哦，施主，原諒這種事，在妳心裡，不在我嘴裡。貧尼沒跟他生活過，貧尼不知道啊！

況且，「妳原諒他」？妳以為他需要妳的原諒嗎？通姦不過判刑四個月，妳以為是殺頭嗎？

5. 離婚以後，我可以要贍養費嗎？

妳要先搞清楚贍養費是什麼？妳以為是給小孩的錢？錯！是前夫或前妻在離婚後，繼續給前任配偶的月費或是一筆錢。

如果妳誤認是給孩子的錢，我還不會覺得很誇張。但如果真的覺得離婚時妳有權利跟前任配偶要錢，我就會覺得妳也太可愛。

憑什麼？

如果是他背叛妳，可以請求損害賠償。如果是結婚這幾年的共同努力所得，可以請求分配剩餘財產。除此之外，憑什麼？自己有手有腳，不會去賺錢嗎？

民法確實有規定贍養費，但是只限於請求的那一方無過失，而且必須無法維持生活，法院才會判決「酌給」。當然，配偶如果急著離婚，私下要給妳，我不反對。但是我不會稱之為贍養費，我會稱為急診費。

6. 監護權（親權）在另一半那裡，我可以不給扶養費嗎？

哦！如果小孩可以光靠陽光、空氣跟水，就長得頭好壯壯，我就會同意。妳會因為監護權不在妳這裡，就不想付錢養小孩，那我覺得離婚也是剛好而已。

做人爽快點，而且不要老是說，我養小孩不用這麼貴，為什麼他養就要？因為妳隨便養啊！

7. 監護權在我這裡，我可以不給對方看嗎？

監護權不過就是誰來決定孩子的重要事情而已，誰說可以剝奪孩子跟對方會面機會的？至於妳說，那個沒監護權的人，根本不會照顧小孩。妳要不要把孩子給他試試看？說不定孩子帶得很好啊！

我跟妳說，一旦妳跟這個人生孩子，妳就得跟這個人至少綁到孩子二十歲為止，沒什麼好抱怨的，這個人是妳選的。孩子跟父母相處的機會，不能剝奪。這是孩子的權利，不是妳的。

8. 離婚以後，前夫要求我繼續住他家照顧小孩，可以嗎？

在沒有夫妻權利的情況下，願意承擔夫妻的所有義務，這種嗜好我還是第一次見過。

不要把責任丟給孩子，說什麼因為怕孩子會有破碎的家。孩子在你們經常爭吵時，早就知道你們的家已經破碎。妳只是沒有勇氣改變現狀，找藉口讓自己暫時好過一點而已。

只可惜，這叫做短多長空。是短痛，也是長痛。

9. 我沒有能力養小孩，可以把監護權給對方嗎？

養小孩需要愛，不是能力。如果想陪在孩子身邊一起成長，沒錢也會生出錢來。如果不想，這真的不是妳的錯，沒有父愛或母愛不是丟臉的事情，但是不要用沒能力當藉口。

當然，沒愛也是一種無能，我同意。

10.

離婚對我真的比較好嗎？

妳要的對象，妳選的配偶，妳生的孩子，妳組的家庭，妳過的生活，這些都是妳選的，卻來問我好不好，我也是醉了。

其實，我真的不在乎回答可愛問題。如果對法律不懂，例如分居六個月就可以「依法」離婚這種謠言，我都會樂意澄清。但是上述的問題，很多都是價值觀的調整，在問之前，有沒有想過，為什麼會想這麼問？

妳，想過妳要什麼樣的人生？

離婚理由——寫給男人

男人提出離婚，有充分理由的少、胡言亂語的多。

這位朋友，我很抱歉斷了你的希望。因為，我真的無法拯救你，只能讓你搏無筊。你知道的，就像是去廟裡拜拜，然後跟神明祈求，「我想要考上台大，但是我平常都不想念書。而且我看不懂英文、不會寫中文，數學只會加減乘除，歷史只看過步步驚心，化學只知道頂新，可以嗎？」

可以？你覺得同花打不打得過full house？

其實很多人以為，我不喜歡幫男人打離婚訴訟。說真的，這是個天大的誤會。然而，我必須坦承，因為我不喜歡輸的感覺，所以要我接案，從來不是價錢問題，而是條件問題。就我個人的有限經驗而言，男人提出離婚，有充分理由的少、胡言亂語的多。如果我真的接了這樣的案件，付給我的錢，不是律師費，而是遮羞費，在法庭上被對手羞辱，而且很快就會敗訴，你覺得應該付我多少錢？你提出的離婚理由，容我簡單地當你的對手反駁你。

1. **她不願意生第二個小孩**

喔，身體是她的，為什麼一定要生小孩？生小孩是兩個人的事情，你應該先跟她溝通才是吧？你知不知道生小孩會漏尿、孕吐、子宮收縮、半夜頻尿、胎動、脹氣、腰痠、孕期痔瘡、掉頭髮、恥骨痛、羊水隨時會破，還不包括失眠、身材變形等副作用。

你要生嗎？喔，對不起，我忘記你是男人。

2. **她不孝順公婆**

你多久沒陪岳母去菜市場買菜、陪岳父在家裡打麻將？你有沒有跟岳父岳母待在同一個屋簷下超過一個月？你有沒有被岳母嫌棄你的房間都不打掃？你有沒有被岳父要求要起床做早餐？

你這個小少爺，跟我說孝順公婆？融入你的家庭？

3. **她不付生活費**

喔，你以為家裡的地板怎麼乾淨的？你以為家裡的碗是誰洗的？你以為衣服是誰去摺的？她又要上班，回家又要做這些事情，你要試試看嗎？付錢了不起啊？而且，你們結婚這幾年，早不說，晚不說，怎麼這時候說？

4. **她不跟我發生性行為**

是你不要還是她不給，我是不知道啦！法官也不會知道，畢竟我們不能坐時光機回去勘驗。但，誰規定夫妻就一定要有性行為？就算她不想，原因在哪裡，你想過嗎？

5. **她不做家事**

那你有做嗎？

6. **她愛亂花錢**

她一個月才兩萬五，你要她怎麼亂花錢？你不是四爺的命，別以為她每天都有機會當華妃。

7. **她不想跟我爸媽住在一起**

這樣好了，你們輪流如何？你去她家住一個月，下個月再回去你家？沒辦法，我就天秤座，公平是一定要的。

8. **她跟我個性不合**

如果這個理由可以讓法院判決離婚，九成的夫妻都會額手稱慶。個性不合？你當時追她愛她，死去活來的時候，怎麼都覺得很合？

9. 她管教小孩的方式跟我不同

那就好好溝通，這也不過就是小事，你的管教方式就是對的嗎？為什麼只能聽你的？你兒子把襪子放到嘴巴裡，你卻忙著回訊息，這是很好的管教方式嘛！

10. 她對我疑神疑鬼

其實，我一開始在電話的這一頭，就聽到一個女生的聲音，她只說了一句話，但是我聽到了。「你問呂律師，到底你要怎麼樣才能離婚。」

不然你以為我為什麼會這麼冷淡？

坦白說，如果你直接跟我說，你有外遇，想要離婚，我還會比較爽快點。但是你講這麼多理由，我只會覺得很不爽。變心就變心、外遇就外遇，把責任都推給別人是怎樣？你不要當我是笨蛋好嗎？好歹我是每天都在辦離婚的人，又不是像你一樣天真無邪又可愛。

節哀，也希望你老婆不會來找我。

離婚十大金句賞析

我不是正在離婚，就是正在往離婚的路上。

離婚，必須是一場公平的談判與協商，不應該是某一方濫用社會優勢，壓榨另一方，至少天秤座是這麼認為的。以下就是某些男人慣用的十大恐嚇金句。是的，其實不止十句，但我是十點控，所以只挑了十句來回應。

1. **妳嫁來我們家，孩子當然跟我姓。**

你是沒念過民法嗎？沒吃過豬肉也看過豬走路啊！現在民法規定，小孩姓氏由夫妻雙方共同決定，沒有我同意，就要抽籤，你最好保佑你祖上積德，二分之一的機會讓你抽中。

還有，不要跟我說嫁，我是跟你結婚，不是嫁給你。

2. **妳嫁來我們家，就不要一天到晚回娘家。**

你是沒念過憲法嗎？還是你活在光緒年間？老娘要是高興，每天都可以回娘家，跟你岳母吃完飯以後，再回我們的家。早上從台北出門，高鐵一天來回高雄剛好！

還有，我們的家，是我跟你的家，不是我跟你媽的家。

3. **妳嫁來我們家，就是我家的人，我現在缺錢投資，妳本來就應該回娘家借錢。**

全家就是你家，你要不要去全家借錢？自己缺錢自己救，以你平常對我一毛不拔的態度，不借你是應該，借給你是悲哀。

還有，我是人，不是提款機。就算當我是銀行，沒有信用，欠缺往來，也是借不到錢的。

4. **妳不肯離婚也可以，我就不給生活費，看妳能怎樣**。

告你就好了，向法院請求給付家庭生活費用，你還會有遺棄配偶的情形，依法不能提出離婚，你確定要這樣？

5. **妳不肯離婚也可以，我搬出去總可以了吧，反正分居六個月就可以提離婚了**。

相信獅子的鬃毛可以治療禿頭，難怪你一輩子都禿頭。分居六個月，如果是沒有正當理由主動搬出去，那就更不能提離婚了。民法沒有任何一個條文規定，分居六個月就可以順利離婚的，你還是死了這條心吧！

6. **看妳要協議離婚，或是讓法院判決離婚，都好。反正我現在已經提出最好的條件，上法院就沒這麼好了。**

你如果對我這麼好，你怎麼會捨得提出離婚呢？擺明就是判決離婚對你不利，你才會希望協議離婚吧？

最好的條件？我們法院見！

7. **孩子跟我姓，離婚以後孩子當然是我的。**

你爸也跟你姓，你爸也是你的？

8. **妳憑什麼跟我爭監護權，妳根本沒工作，拿什麼養小孩？**

拿你的錢啊！小傻瓜！

法院判決孩子的親權，是以「與孩子的親密度」為準，有錢出錢，有力出力，這句話你沒聽過嗎？

9. **這房子是我的名字，妳給我滾出去！**

既然我們是夫妻，你在哪裡，我就在哪裡！

還有，別忘了，這間房子，離婚的時候我可以分一半，到時候誰要出去還不一定吧！

10. **幹！總之離婚啦！**

親愛的老公，我會愛你一輩子，永遠不會離開你。

完美離婚操作手冊

老婆最在意的，其實就是你要自由、要小孩、要錢，還不肯認錯。

各位男士們，你想離婚嗎？你想分手嗎？來來來，你來，把這篇文章看完，應該就會知道如何完美離婚了。

首先，你要找一個理由。如果是老婆外遇、家暴，恭喜你，不用找，反正理由就在那裡，你所需要的，只是證據。只可惜，通常故事不是這樣的。

她沒有外遇，是你有；她沒有家暴，是你家暴。那麼，就必須得找理由了。

她花錢無節度、不孝順你爸媽、喜歡一把鼻涕一把眼淚看《太陽的後裔》，還會罵你比不上宋仲基，這都是小事。花錢無節度？就把薪水攤開來，好好溝通不就行了？不孝順你爸媽，啊你是很友孝她爸媽膩？比不上宋仲基？我也比不上啊，你就不要難過了。

所以，現在我們就來看，你純粹只是想離婚，不管是為了追尋下半身的自由（身打錯了，但是我不想改），或是已經有第三者，或是純粹對於老婆兩個字反彈，因為她又老又是婆。總之，你就是想離婚了，我們來看看應該怎麼做。

首先，請跟第三者斷了聯繫。你老婆，可以用你給的錢請徵信社抓你通姦，就算抓不到，你也會「做」不安穩，都要想著等等開門，會不會有一群彪形大漢衝進來蒐證，這樣怎麼會有美滿的性生活？就算她是用自己的錢，將來也會從你的身上狠狠地請求損害賠償。更何況，如果是你有第三者，大概很難在訴訟裡獲勝。所以，離婚之前，拜託你跟第三者先說再見。

真愛值得等待，對不對？她不願意等待？那就不是真愛，更要離開她不是嗎？

已經被抓到？那就節哀順變，你在法院裡，你老婆不用請律師，都可以把你打趴。你還是老實地根據下面的步驟，進行離婚計畫比較實際。請把你真正想要離婚的原因，坦白地跟老婆說明，白紙黑字寫下來最好。你可以把過去你們之間無法解決的爭議、你怎麼認識第三者的、為什麼會想要離婚等等，坦誠地跟另一半說清楚。你可能會覺得，這不就是自殺嗎？我一定有詭計，希望你自動坦承，這樣對女生有利。

我沒這麼奸詐的。我是真心覺得，不要以為老婆都不知道。她其實什麼都知道，她心裡苦，但是不想說。像個男人一樣，請坦承自己已經出軌、請承認自己已經不愛對方、請坦白自己想要丟下孩子，這樣或許還可以得到老婆最後一絲的尊敬。但，如果說了以後，她還是不願意離婚怎麼辦？

那就是你提出來的離婚條件很爛。

離婚條件，不外乎兩個，一個是孩子的親權與扶養費；另一個就是財產。你都想離婚了，是你想離，可不是對方。想當年，你也是講了不計其數的甜言蜜語、轟轟烈烈的一場追求、窮凶惡極地擊敗對手，再加上沒有戴保險套的陰謀，才把現在你恨不得消失在地表上的她追回家，你現在怎麼可以這麼隨便？

全給。聽到沒有？全給。她要孩子的親權？給！反正你以後還會跟新歡生，她都已經人老珠黃，你是要她怎麼跟別人生？她要孩子的扶養費？給！養小孩天經地義，是男人爽快點，自己吃泡麵，給小孩吃牛排，本來就是應該的。她要財產？給！反正你留著這個也沒用，第三者愛的是你的人，不是你的錢，你把錢都給前妻，第三者還願意跟你在一起的話，是真愛啊！好的，如果你還在看這篇文章，而沒有砸壞電腦的話，你應該是認同的。基本上，這時候老婆應該會同意離婚。她們最在意的，其實就是你要自由、要小孩、要錢，還不肯認錯。既然你願意為了自由，其他都給，她得不到你的人，至少已經得到你的錢，那麼，她放棄這段爛婚姻的可能性，就會大幅地提高。

這時候，你會有兩個可能的難題。第一，她還是不願意放人，那麼可見你前輩子殺生太重，施主你就認命吧，好好把這輩子度完，我真的也無能為力。第二，你沒錢，沒辦法給得起她要的，那麼可見你這輩子賺錢太少，施主你也還是把外遇的關係自盡吧，好好地回頭珍視你的家庭，我只能說愛莫能助。

其實，每個愛情都危險。但是沒錢還想拋家棄子，你是怎樣？**有些時候，不是愛來愛去就好，人生有兩個字，叫做責任**，你知不知道怎麼寫啊？不會寫，起碼要會承擔啊！

麗絲關心您：妳犯的錯，可能只是妳不夠愛自己

他不要妳，妳現在要認清這個事實。

他說妳個性不好、不願意對他家人好、不會帶小孩、不懂怎麼持家、花太多時間在工作、動作言語沒氣質，這些都是假的，只有他要離開是真的。

因為這些都一樣，妳一直都是這樣的，跟他當初愛妳的時候一樣，只是他現在不要這段關係了，如此而已。所以，你不用自責，妳沒有變，是他變了。至少，沒有經營，不是妳的錯而已，而是你們的錯，唯一令人討厭的地方是，他認為都是妳的錯，妳妳妳，都是妳。

所以，當他威脅妳，要照他的意思簽好離婚協議書，不然上法院妳什麼都沒有時，請拒絕。反正照他的意思，妳也什麼都沒有。

當他不付生活費，卻要妳在家帶小孩，請去工作，然後對他提告。

當他只要小孩不要妳，請把小孩帶在身邊。

當他跟妳喊窮，卻可以自己吃好用好，請不要忘記對自己好。

當他要妳回娘家，不要再回來，請記得他今天給妳的恥辱。

當他有外遇，要妳容忍第三者，請叫他去吃屎。

他不要妳，不要這段關係了，妳唯一能做的是，打起所有精神照顧自己的心情。從他背叛妳、背叛這段關係的那一刻，他就已經不是妳以前認識的那個人，妳現在唯一要考慮的只有愛自己，妳以前就是不夠愛自己，他才會百般刁難，妳才會百般容忍。

親權的行使判斷，法院從來就不是只看經濟能力；他賺的錢，本來在婚姻結束時就是得分妳一半；你們住的房子，就算登記他的名字，妳當然可以住，他不能趕妳，更不能隨便換鎖；他當然不能打妳、罵妳，這是傷害罪，或者是家庭暴力；妳本來就有權利跟他的家人保持距離，就像他一樣；妳更可以照妳的意思照顧孩子，讓他快樂地成長；如果妳在家照顧家庭，他本來就應該負起支付家庭生活費用的責任。有外遇就應該積極處理，而不是忍耐求全。

親愛的，妳知道嗎？在這段感情中，妳犯的錯，可能只是妳不夠愛自己而已。

想離婚
孩子的親權究竟誰行使？

比較好的環境，並不是指誰的錢比較多，而是指穩定、熟悉的環境，以及可以給孩子比較有想法的照顧計畫。

其實，監護權沒有這麼困難。

監護權，其實正式學名叫做「父母對未成年子女權利之行使與負擔」，只有父母雙亡，或是父母都不適合行使權利時，才會有監護人，才有監護權可言。不過為了行文方便，我還是稱監護權好了。

首先，治本的方式，就是不要為了孩子結婚。如果只是剛認識三個月，麻煩先認識一下他的朋友、兄弟姊妹與父母。這個男人可能只有在誘拐女人上床時甜言蜜語、風趣幽默，但是「昨暝山盟海誓，睏醒有夠歹勢」這種情況，非常容易發生。況且沒有準備，有了孩子，許多男人的第一反應就是逃避。而當因為孩子，所以結婚逃避不了，下場就是冷漠。

所以請不要因為孩子而結婚，大不了自己養而已。

其次，如果不幸進了一段悲慘的婚姻，也不要因為孩子而不離婚。一個不健全的家庭，孩子不會比較快樂。許多人會擔心，進了法院以後，法院會以父親的經濟能力比較好，而將監護權判給父親，這是非常大的誤解。

法院在決定監護權時，會有社工或程序監理人來輔助探視。他們會在訪問父母與孩子以後，觀察父母與孩子的互動，對法院做出建議。當然，法院不必然一定會參考這些人的看法，但是他們的建議，確實具有一部分的效用。所以，我在協助社工上課時，都會跟社工們建議，除了定期約訪時間外，可以考慮出其不意地去家庭訪問，有時候會得出意想不到的收穫。例如訪談當天案主家裡打掃得很乾淨，隔了一週去明察暗訪，發現其實案主家裡根本就是職業賭場，只是那天暫停營業而已。

很多案主都是很會偽裝的。

法院重視的癥結點，**大致上都是在於與孩子的親密度，以及哪個父母可以提供孩子比較好的環境。就親密度而言，就是在離婚前，誰陪伴孩子的時間比較多**。換句話說，即便是我，為自己打監護權的官司，應該也是會輸的。每天工作十四個小時，我應該有的監護權對象，大概只有我的當事人，而不是我的小孩。所以，經濟能力並非重點，父親即便經濟能力比較強，那也就是有錢出錢、有力出力，爸爸出錢養孩子、媽媽出人照顧小孩。所以，比較好的環境，並不是指誰的錢比較多，而是指穩定、熟悉的環境，以及可以給孩子比較有想法的照顧計畫。

從這裡衍生出來的原則，就會有「幼年從母」與「穩定性」兩大原則。幼年從母，所指的就是原則上，小孩子越小，就越需要母親的照顧，所以主要照護者由母親來擔任的可能性會比較大。另外就是穩定性原則，所謂穩定性，其實是指不要變動太大。父母離婚已經對孩子有些陰影，如果要孩子離開熟悉的環境，可能對孩子不好。因此，原則上孩子在誰那裡照顧，就比較有可能取得監護權。

然而，這樣的說法在台灣的社會裡是比較矛盾的，尤其是跟公公與婆婆同住的女人，其實比較辛苦。因為一旦搬出公婆家裡，就很難兼顧穩定性原則。所以我會建議，如果非不得已，不要輕易搬離夫家，因為這樣會看不到孩子。公婆往往這時候就會不准媽媽來看，一副「妳要走可以，孩子是我們家的」這種態度。真的逼不得已要搬走，請記得帶走孩子，然後向法院提出離婚。

不過，我還真曾經接過一個案件，女方離家，只記得把夫妻共同養的小狗帶走，但是卻把孩子留在先生家，然後說她很愛這個孩子，後來果然慘遭法官打槍，認為在這個媽媽的眼裡，其實人不如狗。

所以，就女人的角度而言，不要擔心小孩的主要照顧者不是自己，因為經濟能力絕對不是考量的重點，誰愛孩子、誰關心孩子，才是法院所考量的問題。

然而，我還是希望媽媽可以考慮在婚後盡量去工作，因為這是將來如果婚姻有意外時的本錢。坦白說，即便與先生已經事先講好，有些先生還是會基於自己在外賺幾個錢，就對太太頤指氣使，認為她什麼用處也沒有。如果先生希望太太留在家中照顧家庭生活，請認真地與先生討論，明白地告訴先生自己為了這個家做了多少事，並且協議清楚，請先生感恩太太在家工作的辛勞，自動自發地給予太太家庭處分金。

女人還是要有錢啊！而且，請不要想著挖先生的錢，自己賺比較實際。不過，孩子的扶養費，無論如何都一定得要，而且記得一件事，養孩子是天職，付錢也是應該，孩子的監護權在誰手上，依法都是要付錢的。

離婚了
孩子的利益在哪裡？

孩子是人，不是東西，當不成夫妻，可以當爸媽吧！

當夫妻關係走到盡頭，兩個人往往會爭取自己的最大利益，或許，孩子也是他們兩人盤算中的一部分「利益」。然而，我們有沒有想過，什麼是孩子的「最大利益」？在婚姻結束時，孩子沒有律師替他們講話，那麼，孩子的利益，夫妻考慮清楚了嗎？我沒有想講任何的大道理，但是，你可以看一篇故事：

調解室裡，坐著四個人，兩個人先前是夫妻，現在是親愛的路人。另外兩人是真正的路人，一位是調解委員，一位是我。我是女方的律師，但是男方單槍匹馬，看起來有點緊張。

「我已經很久都看不到孩子了，我希望可以看到孩子。」媽媽說，「離婚的時候，因為我沒有經濟能力，所以我把孩子交給爸爸照顧，前幾個月還沒有問題，後來他就不讓我帶回家，只能在他家跟孩子互動。」

「我沒有不讓妳看，是妳沒有盡到媽媽的責任。妳答應離婚後一樣會來家裡照顧孩子，妳有嗎？妳說過要念床邊故事給孩子聽，妳有嗎？」爸爸冷冷地說。

媽媽漲紅了臉，想要反駁，我拍了一下她的手，請她先不要說話。

「但是，既然已經離婚，媽媽想探視孩子，把孩子帶回自己住的地方，這是法律賦予母親的權利，你不可能剝奪的。」我平緩地說。

「問題不在這裡，而是媽媽根本沒有把這個孩子放在心上。」他的情緒有些起伏波動，「她在離婚以後，根本就沒有心照顧孩子。我也不放心讓她帶回去。」

「今天是你生日，辛苦你了，生日還要來這裡開庭。」我突然發現，爸爸的生日是今天，「祝你生日快樂。」

「謝謝你，你是今天第一個祝我生日快樂的人。」他有些哽咽。

「你今天生日，最想要的願望是什麼？」我問。

他遲疑了一下，似乎在思考，我為什麼會在這個時候問這種問題，「可能是希望我們的孩子快樂吧！」

「跟我想的一樣呢！」我微笑著說，「如果是這樣，你是不是應該讓孩子跟媽媽可以經常見面，他需要母親的照顧，可以拜託你嗎？」

他低下頭，沒有再說話，經過漫長的三十秒後，他才抬起頭來，下定決心說，「好，她可以每兩週來帶孩子回她的家，就像過去一樣。」

「那很好啊！謝謝你幫忙。」我說，「那麼，明年過年可以讓媽媽帶孩子在娘家過嗎？」

「可以。」他回答得很乾脆，「但是我要求，孩子不能收她爸媽的紅包。」

「為什麼？」我好奇地問。

「因為她爸媽說過，我養這個孩子，就是來跟他們家斂財的，我拒絕接受這樣的指控。」

媽媽的五指緊握成拳頭，對於爸爸這麼說，顯然相當不以為然。

我看了看媽媽，仍然示意她不要說話。「這跟孩子不能收紅包，有什麼關係？過年不過就是討個喜氣，有必要這樣嗎？」

父親突然有點生氣，「不要得寸進尺吧！你知道嗎？我一邊工作，一邊要帶孩子，身為一個單親爸爸，你知道我有多辛苦嗎？我要看孩子的聯絡簿、陪孩子睡覺、帶孩子看病，這麼多的事情，她做了什麼？沒有！什麼都沒有！」在發洩怒氣的同時，他一拳搥在桌上，彷彿要把這一陣子的辛苦與怒氣，宣洩在調解室裡。

「喔？是這樣嗎？」我說話的分貝突然拉高，「你們兩個都一樣，把小孩當作籌碼。你們有考慮過孩子的感受嗎?每天就為了面子在搶小孩,他又不是東西,他是人,為什麼你們不能嘗試合作當父母,當不成夫妻,可以當爸媽吧!你們可不可以把之間的恩怨放下,好好為孩子想?你不同意也可以啊!我們進法院,不要調解了,讓法官決定,行不行啊?」

現場一片靜默,只有父親的啜泣聲,母親則是緊抿著嘴,強忍住眼淚。

「我沒有把孩子當籌碼!」父親發出微弱的抗議。

「喔?你沒有?」我冷笑,「好啊!我問你,孩子不能領紅包,是因為岳父母得罪你?這不是把孩子當籌碼?」他愣住,眼淚還掛在臉上。

「如果孩子的外婆真的曾經跟你說過這些話,我代替她跟你道歉。」我看著他的眼睛,很誠懇地說,「吵架的時候,都是口不擇言的,可是我相信她沒有這個意思。」

他擦了一下眼淚,「好,我接受你們的探視方案,孩子也是會想媽媽的。」然後,他突然站起來,伸出他的手,「律師,我可以跟你握手嗎?」

我乾脆站起身來,擁抱了他。我聽見他在我的背後,又開始小聲地哭泣。那是一種釋放情緒的聲音。

幾個月後，我收到了父親的信。內容是這樣的：

「呂律師您好：我是你當事人的被告。我想謝謝您，您真的讓我這麼多年在心裡的一個結打開了。說是平反，好像您也沒有為我辯解什麼，可是我真的有一種被了解的感覺。

不知道為什麼，我就是感覺到我有一種被關注和試著被了解的感覺。或許我的所作所為您不會認同，或許立場上我們還是對立的。我跟她，終究進了法院，竟然還是有一個人在出乎意料的氛圍下，選擇先去了解我的為難。

那天晚上我跟我兒子道歉：是爸比不讓你看媽咪的，而以後不會再這麼做了，媽咪也答應在你上二年級以後，會再去跟你說故事。然後兒子就笑了！一種解脫的笑、一種屬於自由的笑、一種知道自已有機會更幸福的笑、一種我知道真的存在過的笑。**感謝您讓我知道，就算我是真心誠意為孩子好，也會在不知不覺的情況下，把孩子當談判的籌碼**。也感謝您為我家人所做的這一切，而這一切原本是我應該先做的。還有您本人比較瘦喔！」

全部的內容，我最贊成最後那句話。

離婚前的準備

離婚的條件，只有滿意這件事，沒有合理這種東西。

老公如果已經外遇，也開始談判離婚，這時候應該怎麼辦？怎麼辦？沒怎麼辦，就是要愛自己，妳要以自己為中心。小孩現在可以上小學了，妳應該要去找工作。是的，女人，即便結婚，也要有一份工作。即便男人說，「我養妳啊！」妳也絕對不能接受，妳又不是靈犬萊西，為什麼要人家養？

妳知道嗎？跟男人開口要五百一千的，這種感覺超級羞辱的。妳知道？知道還不快去找。

他外遇找女人，妳就外出找工作。

「人情厭故而喜新，重難而輕易？丈夫之愛妾，非必其美也，甘其所乍獲，而幸其所難遘也。縱而飽之，則珍錯亦厭，況藜羹乎！」

老公之所以看別的女人，並不是因為她們漂亮，而是因為剛開始有興趣，而又不好追；如果平常對老婆已經看久了，就算是周子瑜也會厭倦啊。

不要一直跟很多人說，妳為這個家犧牲奉獻多少。**所有的選擇，都是心甘情願的，妳跟他結婚、生子、離職、做家事、借錢給他、為他背債，都沒人逼妳，是妳自己逼死自己**。妳不要在逼死自己後，再來說自己怎麼可以這麼狂。妳要自私一點，在做選擇的時候，就是為自己想。我所謂的「為自己想」，不是要妳不負責任，負責任是做人的基本道理，為自己想，是作自己喜歡的事情，不要傷害別人，也不要勉強別人。不要犧牲以後，再去抱怨妳為什麼要犧牲。當下遇到不喜歡的事，就要勇敢拒絕，管他媽媽嫁給誰，妳逼死自己，又有誰會可憐妳？

所以，就是去找工作，然後被動的蒐證，等他開口提離婚。這段時間，妳好好地工作賺錢，既然他還有給生活費，妳就不斷的要，不斷的喊不夠，然後把錢存起來，離婚以後自己買個小套房，現在好好照顧孩子跟自己，以後就算離婚，以他不顧孩子只顧小三的狀況，讓法院判決，孩子也會是妳的。所以，在離婚前，妳有幾件事可以做：

1. 妳可以哭，可以釋放自己的情緒

在電話裡或在律師面前哭也可以，但是沒有任何意義，我只能陪妳一起哭而已，但是對於事情一點幫助也沒有。

2. 先確定自己要什麼

妳要自由，就要犧牲財產或親權；妳要親權，就要犧牲自由或財產；妳要財產，說不定就得犧牲親權或自由。有時候可以拿到其中兩個，但是三個都要，除非你老公很糟糕或很笨，否則很難達到，因為又不是出奇蛋，三個願望一次滿足，很不容易的。

3. **證據、證據**

個性不合不是離婚的具體理由，要告訴法院有多不合，而且有具體的證據，例如錄音、簡訊等等。如果是外遇，光是簡訊也還不太夠；如果是家暴，光是吵架的錄音也不夠，這不叫家暴，這叫做口角。那麼，要如何才足夠呢？就是讓法官一聽就覺得很離譜的理由，而且有證據。否則就要保佑不是遇到像樣一點的律師，全部否認到底。到了法院，沒有證據，訴訟根本不會贏。

4. **我給妳的建議要照做**

如果我建議妳好好談，通常是認為直接打訴訟很危險。所謂危險，就是成功率不高。基本上，我當然可以直接要妳打訴訟，但是除非妳堅持，否則我不太喜歡打沒有把握的仗。當我說，機會不大，其實是安慰妳的，意思是沒機會。所以，或許用談判的方式會比較理想。我可以教妳怎麼談，但是終究決定還是要看自己。

5. 不要問我離婚協議書是不是合理

妳覺得合理就合理，但是如果妳覺得怪，所以想問我，也請告訴我妳覺得哪裡怪，不要只是問我，這樣合理嗎？離婚的條件，只有滿意這件事，沒有合理這種東西。

6. 一個在感情上很爛的人，不一定就是爛父親

所以，不要把自己的恨移轉給孩子，不然以後妳一定會後悔。即使拿到親權，也請適度放心地讓父親參與孩子的人生。

7. 不要問我怎麼折磨妳的老公，才會讓他同意離婚

如果我比妳還瞭解妳老公，那我跟他結婚就好，輪不到妳（大誤）。問題是，妳幹嘛折磨他？再強調一次，天底下沒有這麼好的事情，除非他犯了很多錯、很大錯，否則他也有他的立場，換作他來問律師如何折磨妳，妳又怎麼想？婚姻本來就是互相磨合，但絕對不是折磨。

8. 關於離婚，要想好後路

不要只是想從他身上拿走多少東西，如果是他的錯，而且他發動離婚，在訴訟上或許可以讓他淨身出戶，但是請不要一直想著小孩的扶養費或妳的贍養費。前者，他隨時可能不付；後者，除非他自願，否則在有手有腳的情況下，法院很難給妳。

9. 做好重返職場的心理準備

如果是全職的家務管理者，要讓自己處於隨時可以回到職場，否則在未來離婚以後，應該會非常辛苦。所以在結婚後，就要時時刻刻保有自己的一技之長，而且可以順利找到自己想要的工作。

10. 一定要勇敢

結婚的時候腦袋進多少水，現在就會流多少眼淚。把腦袋的水倒出來就好，想想，最壞也就這樣了，一定要讓自己勇敢。

離婚的時機點

當自己還是「某某妻」的身分，第三者，就永遠是第三者。

我與鄧惠文醫師雖然是好友，但是我們兩個人在婚姻的習題上，經常會有不同的見解，而且會有重大的爭辯。例如，她認為的離婚時機點，跟我就有很大不同。我認為離婚要趁早，年紀大了，沒有特殊因素，就不要離婚。她認為年輕人應該多磨合，但老了可以各自尋找自由。

我不贊同這個意見，原因是我比較傾向於現實的觀點。在四十歲以前，如果確定個性不合，早點離婚也就是了。我再強調一次，破碎的婚姻生活，不會比單親要好，不要老是說「為了孩子不離婚」，那你可不可以為了孩子不吵架？為了孩子什麼都依他？為了孩子不要有自我？然而，即便如此，你以為孩子就看不出來爸媽不合嗎？早點離婚，別忘了女人還是會有生育年齡的考量，至少她還可以另結新歡，何必消耗自己的能量，在一個沒有希望的人身上？

五十歲以後，考量的問題就越來越多。兩人之間會有剩餘財產的問題，也會有經濟能力的差距。這時候如果離婚，對於女性而言，比男性強，就要分財產給對方；比男性弱，就得要承受經濟條件變差的狀況。而許多男人在五十歲以後，就會開始想要抓住「青春的尾巴」，把以前遺失的愛情找回來，於是乎，外遇就這麼出現了。經濟地位高的男性，如果不懂得珍惜夫妻之間的情義，那麼「少年無子時、中年喪妻時、老年無父時」，就成為某些男人的三大樂事了。

當青春不再，卻遭逢男人外遇，首先必須先冷靜下來。當男人脫下褲子的一剎那，已經不再想到兩個人共同的過去，那麼剩下來的就是只有財產了。對於這種情況，提離婚是最笨的想法，什麼給他自由、還他空間，也找回自己，那些有的沒的，通通都沒意義。

當對方提出離婚，我們能做的事，當然是要好好的與他相處。為什麼要提出離婚，讓他喜出望外地簽字，妳卻以淚洗面地放棄？當自己還是「某某妻」的身分，第三者，就永遠是第三者，男人或許可以堂而皇之地帶第三者出席重大場合，但是在這個保守的社會之下，只會讓別人對他另眼相看而已。沒經過妻子同意，第三者就是不能進入家裡，跟那個男人在床上翻雲覆雨。他必須得要金屋藏嬌，不能光明正大地出雙入對。萬一男人要是馬上風死掉，遺產都歸妻子，第三者什麼都分不到。如果男人跟她生了孩子，要不就不認領，一旦認領，就會立刻成為通姦罪的被告。女人可以隨時起心動念就去干涉他們的性生活，有法律保障，但是那個第三者只能偷偷摸摸地跟他交往。

這麼好的福利，女人提出離婚要幹嘛？

男人沒錢給家裡，女人可以提出給付家庭生活費用的訴訟。男人跟第三者曖昧，女人可以提出民事損害賠償。男人跟第三者上床，女人可以隨時騷擾他，讓他在床上做不安穩。如果通姦有證據，還可以提出刑事罪的告訴。

從冷酷無情的現實面來說，幹嘛離婚？我們應該甜蜜地走到老公身邊，輕聲地對他說：「親愛的，不管你有幾個小三，我都會愛你一輩子，永遠不離開你。」

然後呢？

然後等男人受不了來談條件啊！有些男人老是說，「我老婆真現實，最後還不是只要我的錢。」見鬼了！都已經外遇了，不談錢還要談什麼，難道還要談感情？**在離婚的境況裡，急的人就是要付出比較大的代價，他既然沒心，拿錢與監護權來換，不過就是剛剛好而已嗎？**

所以，當男人外遇，不要只想著要離婚，請深呼吸，冷靜下來，好好地想想下一步如何「對待」他。相信我，這時候對他而言，自由是最大的報酬，如果可以，他會想要拿全世界跟女人換一張離婚協議書。

外遇以後的「不再外遇切結書」

要不要這段婚姻繼續下去，絕不是取決於他會不會是外遇的慣犯。

有個網友問：「當男生說：『只是一時鬼迷心竅（兩個月），我以後絕對不會再做對不起妳的事，我知道錯了，妳無法原諒我沒關係，我會用一輩子彌補妳，時間會證明一切。』應該要相信嗎？世界上真的有劈一次腿然後就收山的人嗎？到底要怎麼知道他到底是真心悔改，或只是罪惡感導致的獻殷勤？要在一起多久才能了解一個人？我以為我們很了解彼此，其實是因為自己太單純，所以很容易被了解，所以很好騙？」

這位姊妹，不知道妳是否認為，「寧願相信有鬼，也不要相信男人的一張嘴」？坦白告訴妳，我不認為。因為，根據我個人的經驗，真的有鬼，而且人，不分男人或女人，其實都一樣，不見得可信。

結婚以後，每個人都有機會外遇，只是當下有沒有下定決心出軌而已。有些人，即使金城武或是周子瑜出現誘惑他，他的眼裡也只有配偶一人。但偏偏也有許多人，只要是主動前來，他也就來者不拒；尤有甚者，千方百計去誘惑別人，即使花名在外也在所不惜，也多有所見。

讓我來分析一下妳先生的道歉：「只是一時鬼迷心竅（兩個月），我以後絕對不會再做對不起妳的事，我知道錯了，妳無法原諒我沒關係，我會用一輩子彌補妳，時間會證明一切。」翻譯成白話文就是：

「我不過就是不小心、不是故意跟別人談感情與上床兩個月。我以後原則上不會再讓妳抓到，關於這件事，妳記得也好，最好妳忘掉，誰記性好誰倒楣。妳要是決定不原諒我，後悔的是妳，請自己看著辦。」

看，我這樣是不是比較簡單明瞭、單純易懂、老嫗皆解？

說實在話，我沒有不相信他，只是會不會再犯，其實我真的沒有很介意，會就會，不會就不會，未來搞不好是妳外遇，幹嘛急著承諾什麼事？未來誰會怎樣誰不會怎樣，有誰會知道？未來的事情，誰能保證？他在跟妳結婚的時候，不也是保證愛妳一生一世？結果呢？結果呢？結果呢？

所以，**妳必須考慮的事，不是他以後會不會再犯，而是妳還要不要這段婚姻？如果還要，如果再犯，妳要怎麼辦？妳要想的是這個問題，而不是相信他未來不會再犯**。

要不要這段婚姻繼續下去，不是取決於他會不會是外遇的慣犯。我坦白告訴妳，就算他是，有的人就是死纏爛打，還是要這段婚姻，妳覺得是什麼原因？沒為什麼，可能是為了沒安全感、可能是為了害怕一個不可知的未來，更可能是，自己已經死心，覺得婚姻的本質，就是不斷地打破婚姻的本質。所以，請想清楚，妳要這段婚姻的原因是什麼，不要的原因又是什麼，下好離手，不要後悔。

如果妳還要這段婚姻，而他也突然發現自己深深地愛著妳。我要妳做一件事，就是請他簽署切結書。這在法律上是有效力的，所以請多加利用，在往後的婚姻生活，非常好用。

1. 請他先寫下在這段期間內，跟第三者如何認識、如何交往、發生過什麼事、有沒有做愛、地點在哪兒、次數幾次、姿勢為何、這段感情為何結束等等，不要用打字的方式，而是通通親筆寫下來。如有半句虛言，願受天打雷劈。
2. 接著讓他承諾，未來如果與任何人，不論異性或同性，有任何超越友誼的關係，包括曖昧簡訊、牽手、接吻、擁抱、性行為等，一經發現，必須按次數，每次賠償新台幣壹百萬元整。
3. 請他把現在值錢的動產、不動產交付或過戶給妳，同時在協議書上承諾，這是給妳的損害賠償。

4. 不要寫「日後如果因為外遇離婚，小孩監護權給妳」這種規定，這是沒用的。未來如果判決離婚，法官還是按照兩個人照顧孩子的親密度判斷，協議書上的規範對法官起不了作用。

5. 關於財產，除非妳以為對方已經不會有錢，否則不需要現在就去登記財產分開，就讓他慢慢的為這個家服務，而且日後有萬一的時候，妳還可以繼續取得剩餘財產分配的權利。

6. 下好離手，如果對方真的願意簽署這份協議書，請讓這件外遇的往事隨風而去，不要一直拿著這件事挖苦另一半，或者是耿耿於懷，不願意讓事情過去。這樣感情不會好，趁著這次離婚也就可以了。

7. 協議書要藏好，最好放在娘家，不要放在家裡讓小孩或是他翻到。小孩會以為你們要離婚，他會把這份協議書拿來摺紙飛機。

8. 三秒鐘的快感，三十年的痛苦。愛上別人是一件無可奈何的事情，但是請先離婚以後，再來海闊天空，否則會害到很多人，只有律師賺錢而已。

9. 悔改請真心，離婚不是末日，也不會審判。有些人就是不適合婚姻，這不需要內疚，但是如果不知道自己適不適合婚姻，卻盲目地決定結婚，最後再來上演背叛的戲碼，這很沒意義。

10. 雖然歲月總是匆匆催人老，雖然情愛總是讓人煩惱。雖然未來如何，不能知道，現在說再見，絕不會太早。

離婚協議的10點建議

1

沒有人可以逼妳離婚，不要同意就是不要，別管那個人怎麼說，有本事他就到法院告妳了，他就是沒本事會讓法院判決離婚，今天才在那裡恐嚇妳。

2

不要問我離婚協議書怎麼寫，你們爽就好。例如說，他願意給一個月一百萬扶養費、房子給妳五間當包租婆、孩子親權都給妳行使，贍養費再給一億。妳如果還是不願意離婚，我可能會請妳去看精神科醫師。

3

意思就是，離婚協議書沒有什麼特別要注意的，你們覺得好就好，不急就別簽名，把條件拉高，妳同意離婚這件事，對於某些急著要向對方狂奔的人來說，可以說是無價之寶。

4

如果條件談不好，就是不能離婚的意思。不要跟我說，我們都同意離婚了，只是條件談不好，這叫做廢話。

5

如果他威脅妳，不簽字離婚就怎樣怎樣，法律都有對應的方式：不簽字我就離家出走，可以聲請履行同居義務；不簽字我就不給生活費，可以聲請給付家庭生活費用；不簽字我就打妳，可以聲請保護令。總之，面對這種人的方式，就是三個口訣：堅持、不離婚、堅持不離婚。

6

離婚協議的重點，就是離婚、財產與小孩，這三個談好，其他都不太重要。「個性不合，難偕白首」這種字眼就不要計較了，我知道是假的，事實上是他外遇，但這不重要。

7

離婚協議書就算寫好，沒去登記還是不發生效力。所以如果談到自己喜歡的條件，就立刻押他去戶政事務所登記，否則簽了十份還是沒用。

8

其實我很溫柔，如果我聽起來很凶，通常是因為太晚打電話給我，或是我不知道妳要什麼，或是妳什麼都要。至於不要小孩，我不太會生氣，畢竟是妳自己的人生，但是妳要有以後前夫跟孩子講：「媽媽不要你了，她要外面的男人。」這種謊話的心理準備。

9

妳不要什麼都簽完寫完做完，然後問我該怎麼救。癌症到四期才來找醫師，妳覺得會好嗎？有徵兆發生，早期治療，我會教妳怎麼處理。但是太晚的話，就只能準備後事了。

10

最後重申一次，要挽回不是不行，但是要看情況。這種事情我還是建議找法師，而且，一個蘋果，咬了一口以後是爛的，妳幹嘛堅持吃完？

男人請求離婚的十大解析與反制

婚姻本來就是一種責任，負起該負的責任，要自由，請付出代價。

當男人想要離婚時，往往不願意好聚好散，而且會使出各種招數，希望對方就範。這些招數，在實務上來看，都有辦法解決與處理，然而很多男人會天真地以為，使出這些招數，對於逼迫另一半而言很有用。其實，這些招數在法律上，都有相對應的方法，所以如果真的想要好聚好散，請不要用下列常見的拙劣方式，其實這對於彼此傷害都很大。下面是一般想離婚的男人，可能逼迫對方的方法：

1. 搬出家裡

這招，大家都有個迷思，以為分居一段時間就可以離婚。這不是法國，沒有這種東西，而且搬出去的人，就是無正當理由不履行同居義務，可能會構成「遺棄對方在繼續狀態下」，自己有錯，還想離婚？不想回家就別回家，但是讓他跟小三做不安穩。有空就去第三者家走走，或者是到各大汽車旅館閒逛。有蜘絲馬跡就提告民事損害賠償，有照片或孩子就直接提告通姦。他要離婚，就讓他慢慢等，第三者很快就會生氣抓狂，老公很快也會覺得第三者不過就是另一個可怕的老婆。

✓反制方法：到法院聲請履行同居義務，拿到裁定以後，雖然不能強制履行，但是可以確保自己不會被隨意離婚。

2. **把房子賣掉，讓老婆與孩子沒地方住**

這招夠狠毒，也就是不讓太太分財產，也不讓他們有地方住。我常常懷疑，怎麼會有這種男人下得了這種毒手。

✓反制方法：如果有人來看房子，就冷冷地說，老娘決定穿紅衣服死在裡面（大誤）。好的，不可以這樣，但是妳知道我的意思的。然後，提出分別財產制與剩餘財產分配請求，順便來個假處分，讓他的房子不能賣。

3. **不給家庭生活費用**

這招用處有，但不大，特別是當另一半也有工作收入的時候，根本不能逼死誰。而且，要記得這些費用不付，也只是欠著，將來還是要還。出來混的，哪有不用還的道理？

✓反制方法：提出給付家庭生活費用的訴訟，叫他按時付錢，勝訴以後就讓他公司知道他是個不負家庭責任的傢伙，可以請求法院強制執行，每個月扣他薪水三分之一。或者讓孩子乾脆改姓。但，請還是記得，要生之前，有這個決心會更好：「沒有另一半，妳也可以獨立養起這孩子，男人願意給錢是賺到，不願意給錢也隨緣。」

4. 把老婆的東西打包藏起來

這招非常幼稚。藏起來還要找地方放，然後老婆會去提告，究竟是在搞什麼？但，還真有人這麼做。

✓反制方法：到地檢署提告竊盜，讓他進法院聊聊天。

5. 把小孩帶回夫家，交給公婆帶

這招開大絕，因為對於愛孩子的媽媽來說，就是要挾孩子以令離婚，媽媽從此以後不容易看到小孩，往往就會就範。

✓反制方法：有離婚前兆，提早預防別讓孩子輕易離開身邊。真的被帶走，就提出聲請暫時狀態假處分，請法官下令孩子回家。基本上，孩子又不是他照顧，也不是他生，他說不定連孩子一天喝幾次奶、現在小學幾年級、學測什麼時候，完全不知道，他說要爭就爭嗎？現在已經不是有錢至上的時代，如果真有盡心在孩子身上，社工與法官會協助妳們的。

6. **開始凌晨以後才回家**

隨便啦！最好都不要回家，反正，完整的一個人，勝過孤單的兩個人。自己來看《太陽的後裔》，誰稀罕跟他一起？

✓反制方法：去夜店啊！幹嘛獨守空閨？都什麼年代了，不要逾越朋友界線就行，好好地跟閨密一起去開心吧！

7. **坦承有外遇，但不給任何證據**

聽過方炯鑌《壞人》這首歌嗎？他跟妳坦承，只為了朝她狂奔而已啦！

✓反制方法：既然如此，請他「手寫」一份悔過書，然後，然後還是不離婚。

8. **吵架、吵架、吵架**

這個就是呢，開始一直吵架，以前愛妳們熱愛工作，現在說妳們沒有情趣；以前說妳們脂粉不施，現在說妳們不修邊幅，都他講的啦！總之就是要吵架而已，因為這樣才能減低他的罪惡感。如果不是更年期到了，通常都是想要尋求自己的新人生而已。新人，或是新人已經生，所以才會突然想離婚。請記得三件事：堅持、不要離、堅持不要離。另一種相反的類型就是完全不說話，跟死人一樣。總之就是要搞得自己如喪考妣，跟自己死了爸媽一樣，每天回家就像回到地獄，就是要逼瘋妳們！

✓反制方法：誰跟他吵啊！都知道他吵架的目的了，說不定還有錄音存證，請冷靜，順便也去買支錄音筆保護自己。如果是冷戰，我們當然是更愛他，每件事都問他，每個新聞都跟他分享心得，即使他相應不理，我們也就像是跟空氣說話一樣，也沒關係。你要冷，我偏偏給你《太陽的後裔》。

9. **開始把這幾年一起賺的財產移轉給別人**

如果還沒想離婚，但已經分居六個月以上，就提出分別財產制的聲請，立刻可以分財產。如果已經想離婚，登記老公名下的財產又不少，那就爽快答應，立馬分錢。如果老公正在脫產，那就立刻提出改定財產制聲請，一樣可以分錢。

✓反制方法：到法院提出假扣押與分別財產制。

10. 我就是要離婚啦！

這種症頭通常伴隨著幼稚，就是跪地求饒、搥牆壁、打自己、大哭等。

✓反制方法：用手機錄下來，嚴重的話，請報警聲請保護令；不嚴重的話，就在家庭聚會的時候，播出來給大家看。

各位男士，談離婚不是這樣的！你不能在離婚的時候，完全不負責任，只想著外面那個女人。基本上，婚姻本來就是一種責任，好好地跟對方談，負起該負的責任，要自由，請付出代價。都已經是大人了，行為一定要跟小孩子一樣嗎？養小孩是不用錢膩？更何況這個家，說來就來，說走就走，是不是男人啊！

我知道沒有感情就該放人，但是，收尾漂亮一點行不行？想當年也是自己簽字結婚，是誰逼誰了嗎？當初的至愛，現在的窒礙。溫柔的轉過身去，然後說再見，其實對於兩個人，都是最好的結局。

真心話大考驗——解析

所有答案皆是「錯」，你對幾題？

／評分標準／

滿分，而且可以講出哪些地方有錯誤：你就是呂秋遠吧？

九十分到滿分：你是恆娘，大概已經可以開設愛情與婚姻專班。

八十分到九十分：你是司馬相如，鳳求凰的那天，應該很快就會到來。

七十分到八十分：你是焦仲卿，或許對於愛情，還得多修練。

五十分到七十分：你是徐志摩，悄悄的他會走，正如他悄悄的來。

五十分以下：你是陸游，應該知道我意思的。

這份測驗卷，在提出來的時候，引起出版社的同事很多不同意見，也提供了我一些想法做為參考。原因在於，某些答案在他們的標準裡，可以說是「驚世駭俗」。然而，我只有修正部分字眼，但是保留全部的題目讓讀者參考，因為我想測驗的觀念，剛好就是家事關係中的去性別化。尤其是同性婚姻通過以後，更是我們必須考慮的思想轉換。

所以，要全部答對這些問題，並不是太困難的事情，只有一個重點得思考，也就是所謂「新好男人」的定位是什麼？這個問題，不僅男人必須面對，女人也需要調整。也就是在根深蒂固的傳統觀念中，你對於家事關係中的男性與女性如何定位？

從最基本的名詞定義：嫁、娶、幫我做家事、幫我生小孩等等，就可以知道這個男人內心的想法，究竟是把一個女人帶回家，侍奉公婆、處理家務、讓男人無後顧之憂，或者是平等的共同建築一個家庭。或者會有人認為，這過於吹毛求疵，然而，一切的歧視，不都是從語言開始？不然我們何必改變原住民的稱謂？當這些觀念透過字眼不斷的提醒自己，或者兩人的相處模式，才有改善的可能，不是嗎？例如兩個人都在家外上班，但是先生回家以後，卻認為家務事是老婆的事，如果他能幫忙，已經是新好男人，在日積月累以後，老婆是不是會覺得，家務事為什麼是我的事？家庭難道不是分工，怎麼會是幫忙？

這樣的觀念不只是要從男人身上調整，女人也是一樣。去年的網路上開始有所謂「母豬教」的爭議，大概就是以這樣的名詞，去攻擊女人只想占盡男人便宜，卻不願意給這個男人真愛，只是把男人當工具人。確實有部分女性，在考慮另一半的時候，就是以「男人應該負擔家計、女人應該享受權利」這樣的觀念在擇偶。然而，就健全的夫妻關係來看，習慣依賴別人的人，就得承受哭泣的風險。縱然這些人或許願意承受風險，但這樣的風險在婚姻中卻是很高的，當兩人經濟基礎不夠平等，用心也不盡相同時，這樣的相處模式，或許會讓婚姻走向瓦解的道路。

因此，這份問卷希望可以帶來一些啟發。這些問題都很主觀，也不見得真的能鑑別出好男人或好女人。然而，當我們對於婚姻或愛情去性別化之後，兩人的基礎或許可以更平等與穩定，這是我希望讀者可以體會的個人觀點。

國家圖書館出版品預行編目資料

請問呂律師：關於愛與婚姻的練習題／呂秋遠作 .
-- 初版 .-- 臺北市：三采文化，2017.9
面：公分 .--（Mind Map：142）
ISBN 978-986-342-888-6（平裝）
1. 婚姻 2. 兩性關係

544.3 106013798

suncolor 三采文化集團

Mind Map 142

請問呂律師

關於愛與婚姻的練習題

作者｜呂秋遠
副總編輯｜郭玫禎 校對｜黃薇霓、黃迺淳
美術主編｜藍秀婷 封面設計｜藍秀婷
內頁設計｜徐珮綺 內頁排版｜菩薩蠻電腦科技有限公司
行銷經理｜張育珊 行銷企劃｜呂佳玲 人物攝影｜有騰造相 妝髮梳化｜謝佳霈

發行人｜張輝明 總編輯｜曾雅青 發行所｜三采文化股份有限公司
地址｜台北市內湖區瑞光路 513 巷 33 號 8 樓
傳訊｜TEL:8797-1234 FAX:8797-1688 網址｜www.suncolor.com.tw
郵政劃撥｜帳號：14319060 戶名：三采文化股份有限公司
本版發行｜2017 年 9 月 10 日 定價｜NT$380

suncolor

suncolor